DIÁLOGO MINISTERIAL

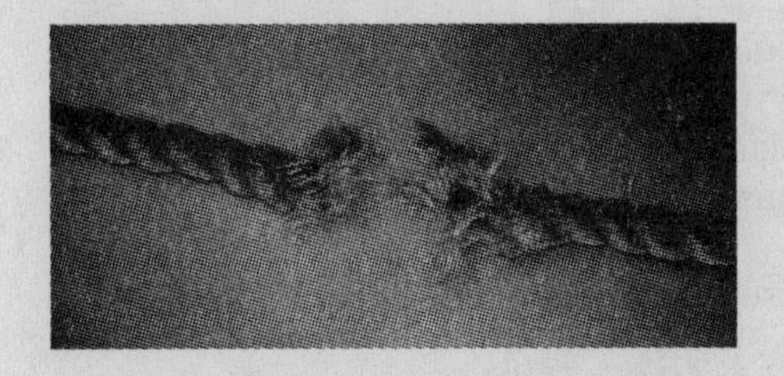

KITTIM SILVIA

La misión de *Editorial Vida* es proporcionar los recursos necesarios a fin de alcanzar a las personas para Jesucristo y ayudarlas a crecer en su fe.

Diálogo Ministerial

Miami, Florida
Nueva Edición 2003

Diseño interior: *Grupo Nivel Uno Inc.*

Diseño de cubierta: *Grupo Nivel Uno Inc.*

ISBN: 0-8297-3468-6

Categoría: Vida Cristiana / Crecimiento

Impreso en Estados Unidos de América
Printed in the United States of America

03 04 05 06 07 08 ❖ 06 05 04 03 02 01

Dedico este libro a los pastores y amigos

Pbro. José Inmar Valle de Monterrey,
México
Rvdo. José Guadalupe Reyes de Mission,
Texas
Pbro. Daniel de los Reyes de Tampico,
México

«La raza»
por ser pastores de vocación,
con un verdadero corazón pastoral,
que desde la plataforma del servicio,
saben servir al prójimo.

Pastor, Maestro

Te fuiste, sin decir nada
tu corazón o locura dejó dolor
no sé por qué, siento te amaba
la tragedia asombrosa tocó mi corazón.

Me sorprendiste aquel 9 de junio
todos dormían, te desvelaste
no sé por qué venció el infortunio
se fue el maestro, sin avisarme.

Las cinco y cincuenta de la mañana
aquel momento quiso entregarte
fue depresivo, enfermo en alborada
sin pena y gloria, sin fin amarle.

¡Oh pastor! Ahora debo observarte
lágrimas adornan el féretro contiguo
historia de un maestro, pastor admirable
trágica partida de un teólogo amigo.

Sus enseñanzas indisolubles
bañan el alma de recuerdos y felicidad
¿cómo entender a un hombre ilustre?
El teólogo tuvo su encuentro con la eternidad.

Su espíritu y ego
formaron su personalidad y altura
aunque bogaba en la marea
y resistió la tempestad, la mar era ruda.

¡Dios mío!
quita de mi alma
toda amargura
quita el pensar
dolor o duda.

Tu palabra juzgará su vida
amor, compasión y ternura
tu misericordia fue más grande que mi fe
terminó la vida de un
ilustre hombre, pastor, maestro.

Por el amigo y teólogo Danny Ríos

CONTENIDO

Prólogo

Hace muchos años que escribí el libro Un diálogo ministerial, el cual, según el testimonio de muchos pastores que he encontrado en Latinoamérica, ha sido de gran bendición a sus ministerios pastorales.

En Brasil me causó gran alegría que mientras viajaba a la selva amazónica con mis amigos, el misionero José A. Moreira y el evangelista José A. Tejada, encontré en una librería cristiana de Sao Paulo ejemplares de mi libro con el título en portugués De pastor a pastor.

Esta edición revisada y actualizada, distanciada por años del escrito original, todavía mantiene los mismos conceptos, aunque ahora ampliados y nutridos por una experiencia pastoral y por una visión mundial más amplias.

Como pastor sé las luchas diarias que tenemos que enfrentar en la tarea de ejercer el pastorado. Es un ministerio que la mayoría de los miembros de las congregaciones conocen muy poco dentro del marco de su realidad. La gran mayoría ve el pastorado como un trabajo fácil, algo que puede realizar cualquiera, y que por los dones del pastor es un trabajo sencillo. Eso se debe a que los pastores, por su experiencia, llamado y don de oficio, hacen ver su ministerio como algo manejable, corriente y sin muchas dificultades.

En verdad el pastorado no es una tarea tan fácil como aparenta ser. Es un trabajo que desgasta, lo exige todo, hace que uno viva dentro de una casa de cristal, las luchas son compartidas solamente con la pareja y con el resto de la familia. Nos priva de hacer lo que hacen los miembros de la congregación. Estamos de continuo bajo el escrutinio de la opinión pública.

Frecuentemente como pastores tenemos que lidiar con problemas y más problemas, que de interiorizarse, nos producirán estados emocionales con efectos físicos y condiciones enfermizas, además de las críticas lapidantes que vienen con dicho ministerio. Son muchos y muchas los que de continuo toman el tema del pastor como plato de consumo chismográfico.

Por eso al escribir lo hago desde una plataforma de experiencia pastoral, escribo a pastores como un pastor. Tengo un corazón pastoral, que tomó algunos años para ser formado. Pienso como pastor y hablo como pastor. En el pastorado he subido a la cima del triunfo y he descendido a la sima de las luchas de este ministerio.

Espero que este libro se identifique con muchas de las problemáticas pastorales y que responda con algunas soluciones prácticas a las mismas. Que el pastor veterano al leerlo pueda verse reflejado en alguno que otro capítulo, y que el que se inicia pueda estar advertido de lo que le espera en su trayectoria pastoral.

El pastorado es bueno, es un privilegio concedido por nuestro Señor Jesucristo el que se nos haya llamado a tan digno ministerio, como lo es el de pastorear a seres humanos considerados nuestras ovejas.

Personalmente, sé que he sido llamado a ser pastor, ese llamado divino late dentro de las compuertas de mi corazón, y nunca he renegado del mismo. Ejerzo el pastorado con gozo y alegría, y enfrentó las pruebas del mismo con tenacidad y temeridad espiritual.

Prólogo

Por encima de todos los títulos y posiciones que he llegado a adquirir, el pastorado tiene prioridad. De él se derivan las otras funciones que he llegado a desarrollar en el servicio a la iglesia, como la de escribir, evangelizar, enseñar y ser líder.

Si usted que acaba de tomar este libro es pastor o pastora, dele siempre gracias a Dios por haberle escogido y puesto en este ministerio. Realice bien la tarea pastoral. Ore a Dios para que le dé un corazón de pastor. Ame su congregación y sírvale con todas sus fuerzas. La satisfacción de ayudar a otros seres humanos, de ver sus vidas cambiar, de verlos crecer en su fe y de ser testigos de lo que el Espíritu Santo es capaz de hacer con ellos, es por sí misma la mayor recompensa que podemos recibir en este mundo.

Si no es pastor, me extraña que se haya interesado en un libro pastoral, pero lo felicito, al finalizar este libro, usted tendrá la responsabilidad de orar, velar y cuidar a su pastor, y de ser una «buena oveja» para ayudarlo a realizar con éxito su tarea pastoral.

Obispo Kittim Silva Bermúdez
Queens, Nueva York
10 de noviembre del 2002

PRIMERA PARTE

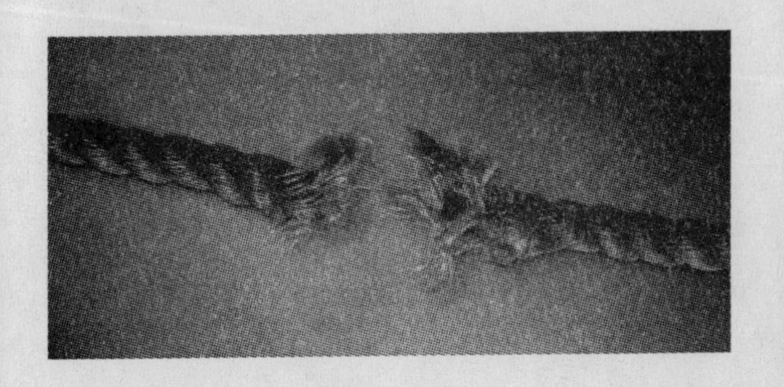

EL PASTOR Y SU MINISTERIO

CAPÍTULO UNO

El ministerio integral del pastor

El ministerio pastoral tiene muchas funciones y descripciones, el trabajo del pastor es polifacético. Ser pastor es una cosa, en cuanto a ministración; pero ejercer el pastorado es hacer muchas cosas, en cuanto a administración. El pastor del siglo XXI se proyecta, más allá de la descripción de su llamado, a la realización de su vocación y profesión, lo que lo ubica en la posición del «profesional» más solicitado de la sociedad contemporánea.

En una ocasión hablaba con un caballero, de repente me miró fijamente diciendo: *«Usted tiene que ser pastor»*. Ante su declaración tan repentina, me llené de asombro y le pregunté: *«¿Cómo sabe usted que soy pastor?»* A lo que mi interlocutor repuso: *«Es que los pastores lo saben todo»*. Cada pastor de acuerdo a su dedicación y trabajo da funciones y descripciones a su posición; uno hace la posición, no es la posición la que lo hace a uno.

El pastor como predicador

La predicación todavía es una de las mayores exigencias pastorales. Las congregaciones no esperan que el pastor sea un gran conferencista, un orador excelente, ni un expositor excepcional, sino sencillamente un predicador. Es función prioritaria del pastor la de alimentar con la Palabra al rebaño que el Señor Jesucristo le ha llamado a guiar y cuidar. El Dr. Gerardo De Ávila nos dice en su libro *Volvamos a la fuente*: «Nada en la iglesia puede supeditar a la Biblia. Dios no utilizará a nadie para hablar con más autoridad que la Biblia en cuestiones de fe y conducta. La Biblia juzga todas las cosas, ella no puede ser juzgada por nadie. Esto es lo que da estabilidad a la doctrina de la iglesia. Pero, lamentablemente, en la actualidad sufrimos una estirpe de pretendidos voceros de Dios que reclaman haber tenido revelaciones especiales de parte del Altísimo. Parece que Dios, como en los comerciales, tiene una versión mejorada del evangelio para nuestros tiempos» *(Editorial Vida, p. 18).*

En el ejercicio de la predicación el pastor es el profeta de Dios, el que representa a su Señor delante del pueblo y al pueblo delante de su Señor. Su lugar en el púlpito no lo puede tomar ningún otro predicador. El domingo debe predicar él. Por ser el dirigente de la congregación y el que conoce las necesidades del rebaño le corresponde dar a las ovejas el alimento que necesitan.

De tiempo en tiempo es bueno tener alguno que otro invitado, pero este debe apoyar su visión, y no únicamente llegar porque lo que más le interesa sea la ofrenda. El pastor que descuida la predicación o al que no le gusta predicar desarrolla un ministerio mudo en su congregación. Esa palabra profética le da autoridad en su liderazgo.

El pastor no usa la media hora o más de predicación para regañar o insultar a los feligreses. Debe cuidar que la proclamación del evangelio no se convierta en un medio para ventilar sus problemas personales. Muchas predicaciones son «catarsis emocionales» donde los expositores lo que hacen es exteriorizar sus propias debilidades, su baja autoestima, su sobreestima, su orgullo propio, sus celos, sus envidias o sus propias angustias. En las prédicas se pueden hacer muchas proyecciones propias, aplicándolas a otros.

En una ocasión un miembro de la congregación que pastoreo se quejó de que un predicador invitado no sabía predicar. Le dije: «Perdone hermano, pero usted no es predicador». Él, mirándome a los ojos, me replicó: «Pastor, sé que no soy un predicador, pero llevo muchos años en esta iglesia, y he aprendido con usted lo que debe ser un predicador».

La predicación puede ser el bálsamo que sane a los oyentes. Por lo tanto es terapéutica o sanadora en su recepción y aplicación. La finalidad divina es que se sirva y consuele al pueblo de Dios. Los buenos predicadores no hieren con el sermón, al contrario, sanan las heridas de los oyentes. A la audiencia se le debe respetar, mayormente porque es la iglesia del Señor allí representada.

La predicación puede ser un látigo, una correa o un cinturón para castigar a los oyentes. El pastor no la emplea de manera negativa. Predica, más bien, para crear conciencia, exhortar, amonestar y consolar. Usar el púlpito para venganzas y desquites personales es una actitud de cobardes. Peor aun, desde un púlpito no se debe criticar a nadie, a ninguna denominación, ni atacar a otros compañeros de labor ministerial.

Desde luego, hay creyentes «masoquistas» que disfrutan del castigo y el dolor que las predicaciones les pueden infligir. Les gusta el predicador tipo «Frankestein» que los aterra con sus amenazas. Muchos de estos expositores provienen de un trasfondo de abusos físicos, mentales y emocionales, y el ver a otros ser castigados, de alguna manera los hace sentir bien a ellos, aunque no sea correcto. Mientras más fuerte predique el pastor o predicador invitado, más les gusta. Son oyentes enfermos, fanáticos, que se deleitan en el «abuso espiritual».

En el otro extremo se encuentran los predicadores «sádicos» que se sienten satisfechos cuando castigan a la congregación. Estos son unos verdaderos «abusadores espirituales». El púlpito es un lugar especial de Dios, donde los «malcriados» del evangelio no deben estar.

El Dr. Gerardo De Ávila en su libro *Volvamos a la fuente* dice: «En mi opinión, personas con traumas sicológicos no resueltos han producido el legalismo religioso. Estoy convencido de que el legalismo no puede producirse en una mente sana, sino en personas con serios problemas de salud mental. Solo emociones enfermas pueden producir el legalismo religioso» (*Editorial Vida, p. 43).*

Muchos pastores son deficientes en la predicación. Las causas de estas deficiencias son múltiples. No leen libros de homilética, ni sermones, ni biografías de predicadores. La buena lectura ayuda a mejorar la capacidad homilética. Otros son perezosos en la lectura sistemática de la Biblia. Los institutos, universidades y seminarios son importantes para todos aquellos y aquellas que deseen formarse ministerialmente.

Mucha deficiencia pastoral se debe a que las personas entran al ministerio por su propia cuenta, no se preparan teológicamente para el mismo, y luego se encuentran dando tropiezos. No conocen la Biblia y carecen de las herramientas de trabajo para lo que están haciendo. Muestro un tremendo respeto por el ministerio de las Asambleas de Dios en México, cuyos ministros en su gran mayoría han egresado de algún instituto bíblico interno como *Magdiel* o *Canaán*, de institutos nocturnos, o del programa de instituto por correspondencia de tres años (cuesta graduarse del mismo); además del Instituto de Superación Ministerial (ISUM), al cual muchos de ellos han asistido y que toma varios años de estudios, realizándose internamente durante algunos meses por tres o cuatro años.

Las denominaciones evangélicas no ordenan a nadie que no haya cumplido con los requisitos de preparación ministerial; las de corte pentecostal exigen que sus «obreros» hayan cursado unos tres o cuatro años de estudios ministeriales en algún instituto bíblico o escuela de ministerio.

Algunos tampoco tienen el hábito de separar un día de la semana para preparar sus homilías. Sería recomendable empezar el lunes a meditar en el mensaje y el sermón formulado y continuar durante toda la semana. Los pastores deben procurar predicar series de sermones, ya que de esa manera tendrán un banco de recursos para sus mensajes y no se tendrán que enfrentar a la crisis de qué predicarán el día domingo. Mientras exponen una serie pueden ir trabajando en la próxima. Por lo menos, esa ha sido mi práctica por muchos años. Los sermones expositivos son muy apropiados para las predicaciones en serie, además del contenido que ofrecen.

Otros no dedican tiempo a su superación teológica. El ministro del evangelio debe ser estudiante toda la vida. Una buena formación teológica ayuda en el desarrollo de un ministerio eficaz. Los cursos de homilética motivan al predicador a corregirse y a superarse.

Otros no le dan a la predicación la importancia que merece. Para ellos orar, congregar a los hermanos y hacer visitas pastorales, es más importante que la predicación. Lo cierto es que todo es importante, pero la predicación es esencial. La mayor evaluación que hace una iglesia evangélica o de avivamiento a un aspirante al púlpito es la de su predicación.

También están los que son reacios a toda preparación homilética. Piensan que esta es un producto humano, intelectual, algo que el predicador hace. Pero la homilética es una herramienta que le facilita al predicador organizar, preparar y predicar el mensaje que Dios le ha dado de manera que el sermón llegue al oyente.

Algunos son enemigos de los bosquejos y las notas escritas debido a su incapacidad homilética. Atacan el empleo de bosquejos porque no saben preparar un bosquejo o porque carecen de la disciplina para invertir unas cuantas horas, a veces días o semanas, en colaboración con el Espíritu Santo para preparar el mensaje divino que ha sido recibido. Desde luego, respeto a muchos predicadores que aunque no llevan notas escritas al púlpito, evidencian en la entrega del sermón una alta preparación en todos los niveles: espiritual, intelectual, teológico y emocional.

Muchas ideas o pensamientos recibidos por el predicador pueden ser semillas de sermones poderosos. Dios le da mensajes a los predicadores por medios sencillos, ordinarios y naturales. El predicador debe estar siempre a la espera de mensajes. Los debe capturar y encerrarlos en la jaula de su archivo de sermones.

A muchos predicadores no les gusta predicar. En la vida hay muchas cosas desagradables que se deben hacer. A ningún pastor le agrada trabajar en el presupuesto de la iglesia; no obstante, se ven en la necesidad de prepararlo en cooperación con el comité de finanzas. Predicar es un requisito pastoral. Al que no le guste predicar, que se dedique entonces a ser un buen miembro de la iglesia y no un mal pastor.

La homilética es un arte que demanda mucha destreza. Hacer un bosquejo, o preparar notas para predicar, es una capacidad que no poseen todos los predicadores. Pero gracias a Dios hoy en día en las librerías cristianas se pueden encontrar libros de bosquejos que son de mucha ayuda para los predicadores que, por falta de experiencia o tiempo, no pueden preparar su propio bosquejo. Dios me ha concedido el privilegio de publicar varios libros de homilética. Me regocijo cuando algunos predicadores, en los muchos viajes que he hecho a Latinoamérica, me han comunicado que mediante el uso de algún bosquejo, han podido predicar la Palabra, y que Dios les ha dado poder en la predicación.

Al emplear un bosquejo preparado por otro, el predicador debe darle su toque personal. Lo debe adoptar y adaptar a su estilo, añadiéndole o quitándole. Los títulos muchas veces se pueden sustituir por otros que le agraden al predicador. Las introducciones y conclusiones deben ser adaptadas al contexto y personificadas por el exponente. Al emplear un bosquejo, el predicador debe ser flexible y natural. A pesar de que cuento con años de experiencia en el púlpito, cuando me toca repetir alguno sermón, sea bosquejado o escrito, siempre procuro compartir alguna nueva introducción y alguna que otra nueva idea en el mismo.

El que el predicador no domine el arte de la homilética no lo exime de predicar con cierta organización. El pastor que no sepa ni entienda la técnica para preparar un bosquejo bíblico, o exponer por escrito la estructura del sermón, no tiene que desanimarse. A continuación presentaré una manera sencilla por medio de la cual podrá cumplir a cabalidad con su ministerio.

1. Escoja un tema o asunto sobre el que le gustaría predicar y que surja de su mente iluminada por el Espíritu Santo, del texto bíblico o de alguna lectura, reflexión u observación. La lectura de libros, el escuchar a otros predicadores, las conversaciones con

hermanos en la fe y aun con personas inconversas, pueden sembrar en uno semillas para predicar.

2. En una libreta, cuaderno o papel, después de haber leído y reflexionado sobre el texto según el tema, escriba cualquier pensamiento relacionado que se le ocurra. Es bueno siempre pensar en términos de tres puntos y preparar aunque sea simple un bosquejo con los mismos. Luego, comience a desarrollar cada uno de esos puntos por separado y continúe alimentándolos con las nuevas ideas que sigan llegándole.

3. Consulte ahora los comentarios bíblicos, lea el pasaje en diferentes versiones bíblicas y escriba cualquier idea nueva. Algunas versiones son: la Nueva Biblia Española, la Biblia de las Américas, la Nácar-Colunga, la Biblia de Jerusalén, la Versión Moderna, la Reina-Valera revisión de 1977, la Versión Popular (Dios habla hoy), la Nueva Versión Internacional (NVI) y otras. Un interlinear greco-castellano podrá ser de gran utilidad, al igual que un diccionario greco-castellano.

4. Explore de nuevo el texto o textos con los llamados «soldados de la homilética», haciéndose las siguientes preguntas, que son de mucha utilidad: ¿Qué? ¿Quién? ¿Cómo? ¿Por qué? ¿Cuándo? ¿Cuál? ¿Dónde? El doctor Cecilio Arrastía, quien fuera mi profesor de homilética entre algunos que me dieron clases en el seminario, llama a este proceso *la invasión del texto,* y dice: «Hemos dicho que del choque de una invasión doble —texto y contexto— brota la luz. Esta luz produce el tercer paso del proceso que es la iluminación, el cual es el clímax. Aquí se aterriza en firme, pues la meta se ha alcanzado. El pico más alto

y rebelde, el «Everest» de la Biblia, ha sido conquistado, y se produce una doble iluminación» *(El predicador Cristiano y la Biblia,* La Biblia de Estudio Mundo Hispano, 1977, p. 112).

5. Piense ahora en una introducción que sea corta, atractiva e interesante. Vuelva a escribir los pensamientos ya revisados. La introducción puede ser una presentación al contexto del pasaje mismo, un resumen de la historia o pasaje expositivo, o simplemente una alusión a algún evento del día o experiencia propia que se contextualice en el mismo. Luego se debe comenzar a elaborar la conclusión. En la introducción el predicador habla de lo que va a hablar, en el desarrollo habla de lo que dijo que iba a hablar, en las ilustraciones aclara lo que habla y en la conclusión habla de lo que dijo que iba a hablar y habló.

6. Con lo que ha escrito, podrá predicar. Ahora le corresponde orar mucho y dejar que el Espíritu Santo le ayude. En el momento de la predicación del mensaje use mucho la imaginación y añada acción a las notas escritas. No se ate a las notas, tenga libertad para usarlas o no. Predique confiando en que el Señor Jesucristo lo respaldará mientras esté predicando. Sea enérgico, dinámico, confiado, y predique a la congregación hablando *con* ella y no *a* ella.

Ningún pastor debe olvidar que la competencia en el púlpito es cada día mayor. Los predicadores de la radio o la televisión pueden eclipsar al predicador en vivo, pero jamás podrán sustituirlo. El rebaño del Señor siempre espera ese alimento espiritual que cada domingo su pastor le da. Así que predique con el corazón y verá como corazones necesitados recibirán el consejo de Dios por medio de usted.

El pastor como consejero

En la sociedad moderna hay mucha demanda de consejeros educativos, matrimoniales, financieros, legales, estudiantiles y clínicos. Hasta para tomar ciertas decisiones se necesita la orientación de algún consejero. La consejería es un amplio campo que ofrece al pastor oportunidades únicas. Las razones por las cuales muchos feligreses van a su pastor en busca de consejo son:

A. *No se paga por los servicios.* Los pastores aconsejan y orientan como parte de su ministerio espiritual. Esta función no es trabajo remunerado, sino un servicio que se hace. Ministrar a través del consejo es una oportunidad de ejercer el ministerio y de bendecir a otros. La mayoría de las personas que recurren a un consejero lo hacen porque necesitan de alguien que les preste sus oídos para ellos descargar sus penas, sus dolores, sus angustias y sus luchas internas.

B. *El pastor es un representante de Dios que inspira confianza.* Él aconseja con ética. A él llegan los hermanos y amigos en la fe para derramar sus lágrimas. En él o ella ven a alguien que está cerca de Dios. Por lo tanto, el consejero pastoral nunca debe olvidarse a quién representa para sus aconsejados. Tampoco debe jugar a ser Dios con nadie en necesidad.

C. *Entre el pastor y el feligrés existen lazos de amistad establecidos.* El pastor es el amigo de todos; es amado y estimado por la feligresía, que se siente segura al entrar a su oficina pastoral. Esa confianza nunca se debe defraudar. Obtener ventajas para provecho propio va contra la ética y la integridad pastoral.

D. *El pastor aplica su consejería dentro de un contexto cristiano.* Su manual de consejería y terapia es la Biblia; aconseja iluminado por el Espíritu Santo. Muchas materias sicológicas aprendidas en la universidad o en el seminario tienen su valor, pero un consejero cristiano sabe y busca aplicar esos principios en un contexto bíblico y de fe.

El pastor consejero puede ofrecer sus servicios en muchas situaciones y de varias maneras. Por lo general se le solicita para consejería prematrimonial, matrimonial, en caso de fallecimientos y para dar consejos a los jóvenes.

1. *Consejos a una pareja que se quiere casar*. Esto se llama consejería prematrimonial. Los novios por lo general vienen al ministro cuando quieren formular sus planes para casarse. El pastor los debe ayudar a conocerse mejor antes de casarse. Es importante que conozcan su carácter, deberes, intereses y motivaciones. También debe estimularlos a leer algún libro que trate sobre el matrimonio. Un libro que siempre recomiendo a mis aconsejados es «*El acto matrimonial*» [La belleza del amor sexual], escrito por los esposos La Haye.

Tan pronto la pareja se compromete, el pastor debe hacer citas para la consejería. Dos o tres reuniones con la pareja serían beneficiosas. Los consejos no se deben dejar para la víspera de la boda.

2. *Consejos a un matrimonio con problemas en sus relaciones interpersonales*. Su principal función será preguntar, observar, escuchar y clarificar. Nunca les recomendará el divorcio ni la separación a los aconsejados, quienes deben tomar la decisión.

Es bueno entrevistarse con los cónyuges por separado y finalmente juntos. Esta consejería procura que los miembros del matrimonio lleguen a tener una comunicación afectuosa eficaz y una adaptación beneficiosa. El consejero nunca debe tomar partido con ninguno de los aconsejados.

El consejero debe tener cuidado de que al aconsejar a una mujer separada o divorciada no experimente una transferencia sicológica. Muchos consejeros se han visto tan involucrados en el problema de la aconsejada, que sin quererlo ni darse cuenta, los afecta. Se han dado casos en que un consejero ha sido tentado y seducido por el problema y la necesidad emocional de la aconsejada. Uno debe estar consciente de sus limitaciones y debilidades y no exponerse a la tentación.

3. *Consejos a los deudos antes y después de un funeral de algún feligrés o miembro de la familia del fallecido.* Ese aspecto de la consejería se descuida demasiado. Desde el momento en que se avisa al pastor del fallecimiento de algún miembro de la congregación o persona relacionada, su deber es ponerse en contacto inmediatamente con los deudos y hacer una visita pastoral.

Sus servicios y consejería son importantes para escoger la funeraria y orientar en cuanto a los arreglos funerales. En este momento de aflicción la ayuda del pastor es muy necesaria. No debe imponer su voluntad, pero debe orientar en las decisiones que correspondan hacer.

Muchas veces el pastor tiene que ir al hospital de medicina forense con los deudos y ayudarles en la identificación del cadáver. Es muy doloroso tener que identificar el cadáver de un ser querido. Debe ser paciente y no tener prisa. Y con la Palabra impartir consuelo y fortaleza.

Un consejo que doy a los pastores es que conozcan al director de la casa funeraria que más cerca esté de la iglesia. Todo pastor debe tener una idea acerca de cuánto cuesta y de qué consta un funeral, y el programa que se debe desarrollar en la iglesia o la funeraria. A ese familiar se le tiene que acompañar a la casa mortuoria y hasta donde sea posible no delegar esta tarea a nadie más.

Mi amigo el Rvdo. Milton Donato dice que en todo sermón funeral se deben tener en cuenta tres puntos: «Primero, se debe pensar en los sentimientos de la familia. La predicación debe responder a esa necesidad emocional. Segundo, se debe pensar en la vida de la persona que ha fallecido, cuidándonos de no ser exagerados, ni tampoco jueces. Tercero, se debe pensar en la enseñanza de que la muerte de otros nos recuerda nuestra propia muerte y la esperanza paulina de la resurrección».

La predicación debe tener como propósito traer consuelo a los deudos. No es el momento de jugar con los sentimientos ajenos. Tampoco de entristecer a los oyentes con un mensaje de juicio y condenación. No está allí para abrirle ni cerrarle el cielo a nadie. El funeral se prepara para deponer sanitariamente los restos de la persona fallecida, para darle un respeto póstumo y especialmente para consolar la separación física y emocional de los deudos. El mensaje de la ocasión debe ser sencillo, personal, práctico... no una cátedra teológica.

La consejería en este campo no termina con el entierro. Se enterró a un ser querido que dejó un vacío que perdura mucho tiempo en el corazón de sus allegados. Las visitas pastorales a los seres queridos del fallecido les impartirán valor y ánimo. Una llamada telefónica, una tarjeta expresando simpatía, son de mucha ayuda. El orar durante las próximas semanas por ellos desde el altar será algo que nunca olvidarán, así como el invitarlos a alguna cena.

Un programa debidamente organizado en la funeraria ayudará a aliviar la pena de los que han perdido a una persona importante. El funeral debe ayudar a aliviar esa separación entre la persona que falleció y sus allegados. Los himnos deben escogerse a tono con el momento, los participantes serán cuidadosamente seleccionados, y la familia tiene que sentirse parte de lo que se haga. Cualquiera no puede cantar o hablar en un funeral, muchos hermanos y hermanas en la fe se hacen muy insensibles al dolor humano. Utilice a alguien que haya perdido a algún ser querido y que se pueda identificar con el dolor humano de otros.

Me apena mucho que algunos pastores eviten la predicación en una hora tan necesaria y prefieran invitar a otro. Un pastor nunca debe faltar al cementerio. Los sustitutos por mejores que sean nunca podrán tomar el lugar del pastor en este lugar. Para esa ocasión se debe vestir adecuadamente, de vestido o traje oscuro y con corbata oscura y una camisa preferiblemente blanca, esto es señal de respeto y luto. Es importante que los ministros cumplan esta etiqueta en el vestir. El traje no hace al monje, pero lo identifica.

Se debe motivar a la persona que ha perdido a un ser querido para que hable del pariente fallecido. No debe impedírseles que lloren. Tenemos que llorar a nuestros seres queridos fallecidos aunque sepamos que están con el Señor y en las mansiones celestiales. El vacío que deja en un hogar un ser que ha partido tardará mucho tiempo para que se pueda llenar. El orar con los deudos y visitarlos les ayudará a llenar su vacío con la presencia y la fortaleza divina.

4. *Consejos a la juventud.* Mientras haya adolescentes y jóvenes en la iglesia el pastor no dejará de tener trabajo como consejero. La carga de aconsejar a los jóvenes será menor si el pastor les nombra un consejero laico. Ese consejero de los jóvenes debe leer libros sobre esta clase de consejería y tomar cursos que le ayuden a desarrollar su capacidad.

Para que el pastor consejero tenga éxito en su función debe esforzarse por conocer la naturaleza, el carácter, las actitudes y la filosofía de los jóvenes. Algunos aspectos sobre los cuales los jóvenes necesitan consejos son:

La independencia social y financiera. El joven desea con ansiedad y emoción poder llegar a la edad de 18 ó 21 años, para así sentirse libre y poder tomar ciertas decisiones y tener libertades que al ser menor de edad se le han prohibido. Desde luego esa independencia social y financiera conlleva responsabilidades. Y eso es algo que la juventud debe entender; que las decisiones y actos cometidos producen consecuencias buenas o malas, de las cuales nos tenemos que responsabilizar.

El noviazgo y el matrimonio. Muchos jóvenes viven en un mundo ilusorio y de fantasías. No le dan al noviazgo la seriedad que este amerita y ven el matrimonio como una emocionante experiencia, sin tomar en cuenta que el matrimonio es una de las mayores decisiones que debe tomar una pareja. Es un pacto para toda la vida, donde un hombre y una mujer compartirán sus acuerdos y desacuerdos personales, es una relación de intercambios de valores y una aceptación de personalidades e historias diferentes.

Reconocimiento y respeto. A la juventud se le tiene que enseñar que donde terminan los derechos de una persona, comienzan los derechos de la otra. En la vida todo el mundo es importante, una profesión o una apariencia física no nos pone por encima de nadie, ni tampoco pone a nadie por debajo de nosotros. Reconocer y respetar a nuestro prójimo es reconocernos y respetarnos a nosotros mismos.

El futuro. Alguien dijo: «Hoy termina mi pasado y comienza mi futuro». Nosotros somos arquitectos de nuestro futuro. Con nuestras acciones y decisiones lo construimos o lo destruimos. La época de la juventud es muy importante para la contribución del futuro.

Las relaciones familiares. Los seres humanos somos entes sociales que funcionamos bajos códigos y reglas familiares, a medida que se va formando una nueva familia, también se forman nuevos valores, una nueva filosofía de la vida y un nuevo marco de referencia social. Y comenzamos a funcionar más interdependientes de nuestra antigua familia y más codependientes de la nueva.

Las exigencias de los adultos. El joven tiene que aprender que una parte del desarrollo humano es asumir responsabilidades y tareas humanas como parte del crecimiento emocional y social. El adulto exige mucho porque es la manera de ayudar a un joven a desarrollarse en su nueva etapa.

Las presiones de grupo. Estas pueden ser negativas o positivas, todo depende del grupo con el cual el joven se identifique. Y el joven tendrá que decidir a que grupo pertenecerá y a cuál no.

El pastor como dirigente

La imagen del pastor delante del rebaño revela su liderazgo. Ser un buen dirigente no es fácil ni difícil. Eso lo determinará la misma persona. Lo que más fastidia a un pastor es la administración; en la misma es responsable de la supervisión del personal empleado y de los voluntarios, además del mantenimiento de propiedades o el lugar de adoración. Los pastores nos molestamos cuando vemos el lugar sucio, dañado, que necesita reparaciones, ser pintado... aunque a muchos pastores esto no les importa ni los molesta en lo más mínimo. Se han dejado asimilar por la situación y por el medio ambiente. Un templo bien mantenido y limpio (siempre y cuando se pueda) es un lugar que invita a la adoración.

A. *El líder*. Se ha dicho con verdad que para ser líder se necesitan seguidores. Por lo tanto, el líder es la persona que convence a otros de que pueden confiar en él, seguirlo, y de que sabe lo que dice y hace. Todo líder genuino influye en las aptitudes (capacidades) y actitudes (motivaciones) de los demás. Los líderes son «imanes sociales» y poseen una gracia especial para el desempeño de sus funciones.

Hace algún tiempo recibí una carta inspiradora de los hermanos Julio y Vivian García, dirigida a mi esposa y a mí, en uno de sus párrafos dice así: «Nuestras oraciones son a favor de ustedes, para que Dios les dé sabiduría en todas las decisiones que tengan que hacer y para que continúen hasta el final siendo ejemplo para los demás como hasta ahora; predicando este santo evangelio». Sin lugar a dudas a todos los pastores de vez en cuando nos gustaría ser ministrados por las ovejas, esta pareja anterior, sin darse cuenta, han bendecido a mi pareja y a mí con sus amables cartas.

B. *El organizador*. Todo buen dirigente es un líder que organiza. Ninguna organización alcanzará sus objetivos si no tiene jerarquía. El pastor dirigente será el primer eslabón de esa cadena de mando o jerarquía. Él velará para que todos los departamentos, ministerios y comités de la iglesia estén debidamente organizados. Los sueños y visiones para que ocurran demandan planes, y el pastor es responsable de que los mismos se realicen.

C. *El supervisor*. La organización sin la supervisión no logra nada. Supervisar significa evaluar y cuidar de que las cosas se hagan como se ha propuesto. Un buen dirigente está dispuesto a evaluar su trabajo y el de otros. No es un perfeccionista, pero busca siempre lo mejor. Está dispuesto a escuchar la crítica constructiva y positiva de los demás.

El fracaso de muchos dirigentes es que quieren hacer y ser todo. Lanzan la pelota y también la reciben. Creen que sin ellos nada se logrará. Esto es un error. En la viña del Señor hay trabajos para todos. El líder debe aprender a dar la señal para que el pueblo marche. Es mejor compartir el reconocimiento con otros que tomarlo todo para uno y finalmente darse cuenta de que quemamos todos los «cartuchos». Las «unciones» se deben mezclar en el trabajo y ministerios del Señor.

El pastor como maestro

Los recién convertidos en especial deben ser discípulos del pastor. Los pastores que han cosechado éxito en el ministerio lo lograron porque alimentaron a sus corderitos recién nacidos. Antes de que un pastor recomiende a un nuevo convertido para el bautismo en agua, debe haberle dado más de una hora de instrucción.

El pastor enseña a los catecúmenos, pero la congregación también espera que, una vez a la semana, sea maestro de todos. No hay mayor bendición para el miembro de la iglesia que reconocer que su pastor es maestro y predicador. Los pastores marcan la vida de otros con su ejemplo y enseñanza.

A. *El pastor enseña verbalmente*. Para eso debe prepararse bien. En la predicación se puede improvisar, pero en la enseñanza la improvisación revela la falta de preparación. Los estudios bíblicos han de tener secuencia y continuidad. Compartir la revelación de la Palabra es algo que capta la atención y entusiasma a otros.

B. *El pastor enseña con su ejemplo*. Los creyentes aprenderán por el ejemplo que el pastor les proyecte. La contradicción de muchos pastores es que enseñan una cosa, pero hacen otra. Si habla de orar, debe orar; si habla de diezmar, debe diezmar; si habla de fidelidad y lealtad, debe ser fiel y leal a su organización. La predicación y la enseñanza más difícil de compartir es aquella que se tiene que vivir siete días a la semana. El pastor práctica el sermón después que lo predica.

El pastor como profeta

Muchos pastores esperan invitar a un evangelista para que Dios le revele la enfermedad de su congregación. El pastor que actúa así no está realizando un trabajo completo para Dios. Si algo está mal en su congregación, y busca a Dios, la revelación la recibirá él.

Otros pastores se gozan cuando algún predicador invitado le da una «paliza» a la congregación. ¿Qué ha estado haciendo este pastor? ¿Por qué no es el profeta de Dios para refrenar a su pueblo? Pastor, defienda a su rebaño, si alguien debe corregirlo es usted. Busque que el Espíritu Santo le dé una palabra profética para su congregación.

El ministerio profético del pastor se necesita con urgencia en muchas congregaciones. Fíjese bien que he hablado de un «profeta», no de un «papá». Lo que muchos líderes saben es enojarse, regañar, amenazar y castigar. No obstante carecen de ministerio profético para poder decir con autoridad y unción: «El Señor dice...»

En su función profética el pastor debe cuidarse de no caer en el error de «Dios me dijo que te dijera». Eso está de moda. Algunos líderes se han convertido en demagogos espirituales. Juegan y se entretienen con la fe de los creyentes. Los testimonios que se escuchan desde muchos púlpitos no pasan de ser fantasías espirituales. Muchas profecías dadas y pronunciadas son simple manipulación sicológica. Las exageraciones y las mentiras no deben ser parte del vocabulario de un pastor de ovejas, las mismas reflejan una baja estima a sí mismo o un deseo carnal de reconocimiento humano.

Una vez más deseo citar al Dr. Gerardo De Ávila: «Es triste la condición a la que han llegado algunos círculos cristianos en los que una labor hermeútica seria y piadosa no tiene valor, pero sí las reclamaciones sensacionalistas que impresionan a los de mente simple. El sensacionalismo y las revelaciones espectaculares tienen gran atractivo para los que tienen en poca estima el estudio responsable de la Palabra de Dios» *(Volvamos a la fuente, p. 22).*

El pastor como pacificador

En toda congregación hay conflictos. Los líderes luchan por el poder, el control y la autonomía. El pastor tiene que ser pacificador. El arte de negociar y de mediar entre personas y líderes en conflictos es una cualidad de cualquier hombre o mujer que ha sido llamado al pastorado. La diplomacia es importante en reparar los muros caídos de las relaciones humanas.

En la congregación de Filipos había dos mujeres líderes, por cierto muy activas, muy dinámicas, trabajadoras incansables, pero se atacaban la una a la otra. Se llamaban Evodia y Síntique. El apóstol Pablo le pidió al principal dirigente de la iglesia de nombre Clemente: *«Asimismo te ruego también a ti, compañero fiel, que ayudes a éstas que combatieron juntamente conmigo en el evangelio...» (Filipenses 4:3).*

Los que se encuentran en conflictos necesitan ser ayudados, aconsejados, ser traídos a una mesa de negociación y compromiso mutuo. La causa del conflicto en la iglesia es a veces la confrontación entre la familia pastoral y otra, o una familia contra otra familia. Muchas luchas surgen por los hijos, cada cual defiende lo suyo propio: «la sangre pesa más que el agua». También puede ser entre un líder y otro. El pastor debe ser sabio, no poniéndose del lado de una familia, sino en medio de las dos familias. Si se deja influir por el parentesco familiar o la amistad con alguna familia, lo más seguro es que saldrá pagando por su favoritismo.

Jamás debe olvidar que él o ella no pueden ser parciales sino imparciales con el rebaño y la familia. El asumir una postura de imparcialidad, no tomar las cosas de forma personal, ser objetivo y ejercer un juicio equilibrado, le dará el éxito a muchos pastores. Nunca se deben hacer juicios escuchando a una sola parte, ambas partes tienen derecho a ser escuchadas. Tampoco se debe admitir ninguna acusación contra nadie a no ser que venga por escrito. Cuidémonos mucho de lo que decimos, a quién lo decimos y cómo lo decimos. A muchos les gusta involucrar en sus pleitos al pastor o a la pastora. Si tiene que decir algo de alguien, mejor dígaselo a la propia persona, así evita que le distorsionen lo que ha dicho, y sobre todo, que lo vean como un exportador de chismes.

El fuego no se combate con fuego, sino con agua. Cuando una congregación está atravesando por una crisis de poder, donde unos quieren usurpar o ejercer la autoridad y otros presentan resistencia, es necesario que el pastor sea objetivo y realista. Las prédicas deben enfocarse de tiempo en tiempo en el liderazgo y compartir seminarios al particular. Reúna a las partes en conflicto para algún trabajo con usted y de esa manera les enseñará la importancia de la colaboración y la participación mutua.

El pastorado es una vocación divina. Por ejemplo el título de «*Reverendo*» es más importante que el título de «*Doctor*». Si uno posee ambos no se identifica como «*Dr. Rvdo.*» sino como «*Rvdo. Dr.*» El hombre que Dios ha llamado, encargado y puesto en ese trabajo no puede amedrentarse, sino tiene que estar seguro de que jamás estará solo. No quiero limitar el ministerio pastoral a los hombres solamente; sé que Dios también ha llamado mujeres a este santo ministerio. El mismo Señor Jesucristo ayudará al pastor, hombre o mujer, a realizar con victoria el plan recibido y el propósito para el cual ha sido llamado.

Capítulo dos

El pastor y la Escuela Dominical

El éxito de la Escuela Dominical comienza precisamente con la importancia que se le atribuya dentro del programa de la gran comisión de evangelizar y hacer discípulos: «*Y les dijo: Id por todo el mundo y predicad el evangelio a toda criatura. El que creyere y fuere bautizado, será salvo; mas el que no creyere, será condenado*» *(Marcos 16:15-16)*. «*Por tanto, id y haced discípulos a todas las naciones, bautizándolos en el nombre del Padre, y del Hijo, y del Espíritu Santo, enseñándoles que guarden todas las cosas que os he mandado; y he aquí yo estoy con vosotros todos los días, hasta el fin del mundo. Amén*» *(Mateo 28:19-20)*.

Muchas iglesias que han crecido de manera fenomenal en cuanto a congregados o membresía deben dicho crecimiento a la Escuela Dominical. Un ejemplo es la congregación de la *Iglesia Metodista Pentecostal* de Jotabache, Santiago, Chile, la cual por la gracia de Dios he tenido la oportunidad de visitar y ministrar; en ella pastorea desde hace muchos años el Obispo Javier Vásquez y ya desde la década del sesenta tenía miles de miembros. En Brasil pude visitar muchas congregaciones donde la Escuela Dominical ocupa un lugar de mucha importancia y son consideradas mega iglesias. El programa de la Escuela Dominical desempeña un papel muy importante en el crecimiento de estas congregaciones.

No todas las Escuelas Dominicales gozan de éxito. Muchos pastores se quejan: «Nuestra Escuela Dominical está decayendo...» ¿Por qué la que ha sido llamada la «espina dorsal» de la iglesia ha perdido su estabilidad? ¿A qué se debe la mediocridad en la Escuela Dominical? ¿Qué le está ocurriendo a la Escuela Dominical, la cual es el «corazón de la iglesia»? ¿Por qué en muchas congregaciones la Escuela Dominical es una caricatura de lo que era? ¿Será acaso que las Escuelas Dominicales no son susceptibles a las inquietudes del Espíritu Santo para esta época? ¿Tendrá que hacerse más «profesional» la Escuela Dominical? ¿Están los alumnos cansados de la metodología empleada? ¿Se necesitará una mejor organización? ¿Carecen los maestros de adiestramiento?

Es imperativo entonces que tengamos un enfoque claro de lo que es la Escuela Dominical y de lo que trata de alcanzar. A continuación presentaré algunos conceptos que bien entendidos y llevados a la práctica pueden ayudar al éxito de la Escuela Dominical.

La Escuela Dominical surgió como una respuesta a los problemas sociales

La Iglesia primitiva carecía de Escuelas Dominicales. Aun más, difería de las iglesias actuales en liturgia (1 Corintios 14:26; Efesios 5:26), gobierno eclesiástico (Hechos 14:23; 20:17; Tito 1:5; Santiago 5:14; 1 Pedro 5:1), lugar de adoración (Hechos 5:42; Romanos 16:5; Colosenses 4:15; Filemón 2), estilo de predicación e influencia cultural. No olvidemos que la mayoría de las comunidades eclesiales del Nuevo Testamento eran de un trasfondo cultural hebreo-cristiano y greco-cristiano. Su cultura religiosa era diferente a la nuestra. La cultura religiosa se forma siempre dentro de un contexto cultural social.

La Escuela Dominical surge en la historia de la Iglesia como una respuesta social. Los niños de Inglaterra eran víctimas del trabajo excesivo, el descuido y el abandono de parte de los padres, por consiguiente necesitaban la alfabetización. El editor de «*The Gloucester Journal*», Roberto Raikes, se interesó en el año 1880 por los problemas de las comunidades pobres, especialmente de los niños que no sabían leer ni escribir. Muchos se habían dedicado al pillaje y la delincuencia. Ese mismo año él comenzó la primera Escuela Dominical, la cual posteriormente llegaría a ser un modelo adoptado por las congregaciones evangélicas.

La configuración de las primeras Escuelas Dominicales era diferente de las actuales. El énfasis principal, aunque no único, era social, luego didáctico en cuanto a las Sagradas Escrituras, y finalmente evangelístico. El esfuerzo de Raikes logró que se atendieran a miles de niños por medio de las Escuelas Dominicales. Este ministerio se extendió fuera de Inglaterra hasta alcanzarnos.

Al pasar los años, la Escuela Dominical desarrolló un carácter más didáctico que social. En este aspecto perdió su objetivo original. La Escuela Dominical tiene que volver a descubrir esa triple misión original. El énfasis salvífico es prioritario, al igual que el discipulado, pero la misma debe retar a la acción social.

Las primeras Escuelas Dominicales respondían al reto y la necesidad social de sus alumnos. No ignoraban su realidad comunitaria. Hoy la Escuela Dominical necesita estar más comprometida con el contexto social de los alumnos.

La Escuela Dominical es el departamento de la iglesia que debe desarrollar programas que se ajusten a las necesidades de los alumnos. Debe constituir la reunión más importante de la semana. Mi buen amigo y mentor, ya fallecido, el Rvdo. Dr. José A. Caraballo, dictaba un curso a nivel de seminario teológico conocido como: «*La Biblia nos llama a la acción*».

La Escuela Dominical necesita un toque de «profesionalismo»

Si algo ha afectado la asistencia a la Escuela Dominical ha sido la manera tan elemental como funcionan muchas. Se espera que los maestros de la Escuela Dominical satisfagan la necesidad de todos los alumnos. Muchos maestros hoy en día solo pueden llegar a un nivel de alumnos, pues apenas terminaron la escuela intermedia. El maestro debe esforzarse por llegar a otros niveles superiores. La falta de preparación de los maestros produce huelgas de absentismo en los alumnos.

La Escuela Dominical es una buena oportunidad para impartir clases de inglés utilizando como texto la Biblia, clases de alfabetización donde la Biblia sea el libro empleado por los alumnos y clases de higiene y salud con la Biblia a mano.

La Escuela Dominical también puede tratar temáticas sobre el matrimonio, la familia, la adolescencia, la juventud, la gerontología o el trato con los ancianos. De tiempo en tiempo se puede detener lo rutinario y compartir alguna que otra clase de superación espiritual.

El departamento de la Escuela Dominical de cada iglesia debe patrocinar cursos preparatorios para los maestros. Las reuniones de maestros deben tenerse con bastante frecuencia. El programa de la Escuela Dominical debe evaluarse periódicamente.

Los maestros deben asistir a los retiros. También debe instárseles a participar en las reuniones y convenciones de la organización o concilio que organiza el departamento de Escuelas Dominicales a nivel distrital o nacional.

Parte del toque profesional radica en la organización de los diferentes departamentos. Los pastores deben aprender a dejar trabajar a los que son seleccionados para ocupar diferentes cargos o puestos. El pastor que todo lo quiere hacer desanima y estanca el desarrollo y potencial de la congregación.

La metodología en la comunicación didáctica tiene que innovarse. Por años el método dominical preferido y popular ha sido el de repartir textos bíblicos entre los alumnos. Aunque tiene su lugar y su tiempo, se debe no obstante experimentar con otros métodos como conferencias, foros, estudios en grupos pequeños, la participación general, los informes, la dramatización, los paneles, conferencistas invitados... lo mismo siempre cansa. La rutina aburre.

La Escuela Dominical necesita salir de su decadencia congregacional

El principal promotor de la Escuela Dominical debe ser el pastor. Si no le da la importancia que merece, es de esperarse que se vuelva raquítica y pierda su vigor. Su corazón tiene que estar en la Escuela Dominical, creer en ella y llevarla al éxito.

Muchas Escuelas Dominicales son cementerios dentro de la congregación. Sus sepultureros son los mismos pastores. Cuando la Escuela Dominical está muerta, la iglesia se ve cadavérica. Una Escuela Dominical viva es evidencia de una congregación enérgica, activa, vigorosa, dinámica y arrolladora.

La Escuela Dominical necesita mucha promoción.

Se debe tener un registro con los nombres, direcciones y números de teléfonos de los asistentes. Los maestros deben pasar lista, dar exámenes y pedir excusas por las ausencias. Cada maestro debe sentirse responsable por sus alumnos, orar por ellos y visitarlos a menudo.

Para concluir, todos los encargados de la Escuela Dominical, incluyendo al pastor, deberían embarcarse en una serie de evaluaciones y críticas constructivas. Después de descubrir los males, se tiene que formular un plan de acción. Los cambios a veces son dolorosos, pero vale la pena aplicarlos para el bienestar general de la obra.

Capítulo tres

El carácter del pastor

Muchos pastores se dan el lujo de ser una cosa en su hogar y otra cosa delante de sus hermanos y hermanas en la congregación. Esto indudablemente destruye el carácter de su ministerio como pastor. El pastorado es más que un trabajo, es una vida de humildad ante Dios y ante nuestros semejantes. Como líderes de nuestros hogares, debemos dar ejemplo de lo que es un verdadero siervo del Señor con nuestras palabras, conductas y hechos.

No sé cuantas veces he recibido quejas de hermanos que me han contado que sus pastores tratan mal a sus hijos, hijas, o a sus esposas. Esto me causa mucho dolor y pena. Si no podemos dirigir bien nuestros hogares, nunca podremos dirigir bien nuestras congregaciones. Santiago en su carta declara: «Pero él da mayor gracia. Por esto dice: Dios resiste a los soberbios, y da gracia a los humildes» (Santiago 4:6).

Un pastor tiene como primera responsabilidad dar ejemplo y mostrar el carácter de Dios en su vida. De que vale tener el título de *Reverendo* o *Pastor* si no damos ejemplo. Siempre he creído que no hay excusas para no servirle al Señor y para no buscar de

Dios, pero muchas personas tienen la excusa de que fueron heridos gravemente por sus pastores. Muchos han sido heridos por una palabra dura recibida desde el púlpito. Algunos por una mala broma gastada por el pastor. Y otros por un descuido pastoral: cuando el pastor ignora las necesidades de los hermanos, estos lo ignoran como si fuera un estorbo y no una bendición para ellos.

I. Es un servidor

El pastor tiene que ser un servidor. La palabra servidor es simplemente uno que se presta para servir. El pastor nunca hace las cosas de «mala gana» sino siempre se ocupa de hacer todo con humildad y amor. Desde su corazón emite la humildad de un verdadero amigo de Dios. El siervo del Señor Charles Finney decía que los verdaderos amigos de Dios pensaban primeramente en hacer lo bueno para Dios y en hacer lo bueno para su prójimo. Haciendo así cumplían los diez mandamientos en dos mandamientos: «Amarás al Señor tu Dios con todo tu corazón, y con toda tu alma, y con todas tus fuerzas, y con toda tu mente; y a tu prójimo como a ti mismo» *(Lucas 10:27)*.

El primero indica un amor supremo a un Dios digno de ese amor. Dios no demanda de nosotros un amor a medias, sino un amor único y completamente dedicado a él y para él. No podemos amar a Dios parcialmente, en una área sí y en otra no. El amor que Dios demanda de sus hijos es un amor supremo y digno del Dios del universo.

El segundo amor indica un amor sincero a nuestros semejantes. Un amor que demuestra nuestro amor hacia Dios y verifica nuestra relación con él. Dios es amor. El que sirve a Dios de corazón ama a su hermano y a su hermana. Nadie que no ama a su hermano ama a Dios, simplemente es así. Como siervos del Señor y ministros del evangelio de Cristo nuestra mayor disposición debe ser para servir. Todo pastor tiene la obligación de entender sus privilegios y también sus responsabilidades.

Nos gozamos en las cosas que Dios nos permite lograr y en los éxitos del ministerio, pero también tenemos que gozarnos haciendo el bien, levantando a los caídos y dado por gracia lo que por gracia hemos recibido. El que recibe gracia no tiene temor de dar por gracia de Dios lo que ha recibido. Ningún árbol bueno da frutos malos y ningún árbol malo da frutos buenos. Cada cual da lo que tiene, lo que produce una persona a través de sus palabras y sus hechos define lo que ella realmente es en su interior.

Muchas veces escuchamos cuando la gente dice: Fulano de tal es un hombre bueno; aunque tiene cosas malas y no hace todas las cosas bien, su corazón es bueno y tiene buenas intenciones. La verdad es que nadie hace lo malo queriendo hacer lo bueno. Cuando una persona le falta a Dios lo hace a propósito. Si nos dedicamos a vivir para él tendremos la victoria en el Señor por su Espíritu Santo. Como decía Charles Finney: «Los verdaderos amigos de Dios siempre se ocupan de hacer la voluntad de Dios, y esa voluntad es servir».

II. Es bondadoso

El verdadero siervo de Dios es bondadoso. La bondad es un fruto del Espíritu Santo, una manifestación del fruto santo que Dios cultiva en nuestras vidas a través de su Espíritu. Cuando una persona expresa la bondad del Señor, expresa el fruto del Espíritu. El apóstol Pablo nos dice en su epístola a los Gálatas: «Mas el fruto del Espíritu es amor, gozo, paz, paciencia, benignidad, bondad, fe, mansedumbre, templanza; contra tales cosas no hay ley. Pero los que son de Cristo han crucificado la carne con sus pasiones y deseos. Si vivimos por el Espíritu, andemos también por el Espíritu. No nos hagamos vanagloriosos, irritándonos unos a otros, envidiándonos unos a otros» (Gálatas 5:22).

Aquí Pablo le dice a la Iglesia que el Espíritu de Dios produce fruto en la vida de los creyentes verdaderos, los que buscan crecer en el Señor y dan todo por estar en su voluntad. La bondad es un fruto del Espíritu Santo. El pastor tiene que tener bondad para con todos. Este es un fruto que no vemos en la vida de muchos. Hay personas que dicen que pueden contar con sus dedos las personas que conocen que en verdad pueden ser llamadas bondadosas. Jesús era y es el perfecto ejemplo de la bondad. Él era bondadoso, siempre pensaba en el bien de los demás, siempre buscaba ayudar a los que buscaban su ayuda. Jesús jamás despreció a nadie. Siempre estaba presto para dar su mano sanadora a todo el que necesitaba de su sanidad. Estando Jesús en la sinagoga un día de reposo hizo un milagro que impactó a los más sinceros incrédulos:

«Aconteció también en otro día de reposo, que él entró en la sinagoga y enseñaba; y estaba allí un hombre que tenía seca la mano derecha. Y le acechaban los escribas y los fariseos, para ver si en el día de reposo lo sanaría, a fin de hallar de qué acusarle. Mas él conocía los pensamientos de ellos; y dijo al hombre que tenía la mano seca: Levántate, y ponte en medio. Y él, levantándose, se puso en pie. Entonces Jesús les dijo: Os preguntaré una cosa: ¿Es lícito en día de reposo hacer bien, o hacer mal? ¿Salvar la vida, o quitarla? Y mirándolos a todos alrededor, dijo al hombre: Extiende tu mano. Y él lo hizo así, y su mano fue restaurada. Y ellos se llenaron de furor, y

hablaban entre sí qué podrían hacer contra Jesús» (Lucas 6:5-11).

Aquí vemos a Cristo supliendo la necesidad de este enfermo, un hombre que tenía una mano seca. Seguramente no podía trabajar ya que su mano le era un impedimento. Solo Dios sabe cuán difícil era la vida de este hombre antes de este glorioso sábado, un día de reposo. Pero Jesús en su bondad le sanó diciendo: «Extiende tu mano». Cuántas personas hay en las congregaciones esperando que sus pastores les digan con amor y bondad estas bellas palabras: «Extiende tu mano», sanando así su impedimento y libertándoles del dolor de no tener el poder para vencer.

Cuando hablamos de la santidad en el área del pastorado muchos piensan inmediatamente en lo exterior o en lo superficial. La santidad que Dios demanda del pastor o ministro es la misma que demanda de todos sus hijos. Aunque hay una diferencia en la posición del creyente y su pastor, no se le pide más santidad al pastor y menos al creyente. Tanto el pastor como el miembro más simple de la congregación tienen que vivir en santidad, nadie se escapa del mandamiento del Señor hacia la santidad y la pureza espiritual.

Habiendo dicho eso no quiero dar a entender que el pastor no tiene una mayor responsabilidad con Dios, desde luego él es el pastor, y como tal tiene que dar ejemplo. No deben haber personas en la congregación que sean más espirituales que el pastor. Él debe asumir su posición como el líder de la congregación y nadie debe dar mayor ejemplo que él. Nadie debe asumir su lugar.

A veces muchos pastores permiten que otros en la iglesia se pongan sus zapatos, dirijan la congregación y hablen como si fueran pastores de ella, en estos casos el pastor deben tener los pantalones bien puestos para reprender ese espíritu de rebelión y tomar su lugar como pastor líder de la congregación. Si no lo hace está preparando el campo para las divisiones. Las congregaciones se dividen muchas veces por negligencia del pastor, al no tomar la iniciativa y defender su pastorado a tiempo, antes de que venga un charlatán a darse el lujo de hacerse el pastor él mismo. Estos individuos tratan de mandar sin llamado, tratan de dirigir sin poder; en estos casos el pastor debe ponerse fuerte y darse a respetar como líder de su congregación.

El pastor tiene que vivir una disciplina en su vida de oración. Todo pastor debe ser dado a la oración. Todos sabemos que el pastorado no es fácil y muchas veces el tiempo nos traiciona. Martín Lutero decía que él oraba siempre tres horas al día normalmente, y que cuando tenía un día más ocupado y más difícil no dejaba de orar, sino oraba cuatro o cinco horas al día. Esa es la vida de oración que tenemos que vivir como líderes del rebaño del Señor. Dedicados a hablar con Dios. El que da poco tiempo a la oración, poco tendrá para darle al pueblo de Dios. Si ves a un hombre que tiene poco de cristiano, estás viendo a un hombre que da poco tiempo a la oración. El hombre o mujer de oración se conoce, la vida de oración es evidente en todas las áreas de nuestras vidas.

El significado de la santidad en la oración es que todo creyente debe separar un tiempo disciplinado todos los días para hablar con Dios. Tenemos veinticuatro horas en un día, ¿no crees que le podemos dar una hora o más a Dios en dedicada oración? En muchas ocasiones pensamos que le estamos dando tiempo a Dios cuando en realidad estamos simplemente entretenidos en algo religioso y no estamos buscando realmente el rostro del Maestro.

Vemos que para todas las cosas tenemos una disciplina menos para la oración. Dejemos las excusas, dejemos todo a un lado y démosle a Dios el tiempo que él tanto anhela y nosotros tanto necesitamos. Si el pastor quiere darle al pueblo un mensaje fresco (el pan de cada día) debe primeramente santificarle tiempo a Dios en oración. Únicamente así tendrá algo de parte de Dios para el pueblo. El que no habla con Dios no debe asumir el puesto de hablar de Dios a los demás. ¿Cómo podemos hablar del Altísimo si no le conocemos a través de la santidad de la oración? Es posible orar y no ser cristiano, pero es imposible no orar y ser un verdadero cristiano.

El pastor que ora es un pastor victorioso. El pastor que ora es un pastor prosperado. El pastor que ora es un pastor de visión, ve lo que tiene que ver, analiza las cosas y no se deja vencer por nada ni por nadie. La oración es la llave que nos abre las puertas del cielo. Cuando oramos estamos en la presencia del Dios eterno. El Dios que todo lo sabe. El Dios que todo lo puede. El Dios que reina sobre todo el universo. Cuando el pastor está triste ora. Cuando el pastor está feliz ora. Cuando hay problemas serios el pastor ora. Cuando todo está bien el pastor ora. Orad sin cesar es el mandato eterno para todo creyente. Sin la oración no hay comunión con Dios, y sin esa comunión nunca tendremos la bendición de Dios.

Muchos padres le dicen a sus hijos: Cuando haga algo malo, no hagas lo que yo hago sino haz lo que te digo. Así hay muchos líderes religiosos que le dicen a la congregación no hagas esto, y ellos lo hacen. Le dicen al pueblo no hables de tu prójimo porque es un pecado, pero ellos hablan del prójimo. Dicen que no se puede tener preferidos en la iglesia, pero ellos tienen sus preferidos. Si quieres levantar a otros y enseñar a otros, levántate primero tú mismo y luego podrás ayudar al caído a tu lado. El mejor ejemplo se da en el comportamiento espiritual. El líder dirige con el ejemplo y los demás le siguen. Si tienes una congregación que no te respeta, analiza bien como andas y como te comportas, no sea que ellos tengan razón en sus quejas y su desconfianza.

Como buen ministro santifícate para comportarte como es digno de un verdadero siervo del Señor. Solamente así tendrás el éxito pastoral que tanto anhelas. Si tienes problemas con algún miembro, permítele una reunión y dale tiempo para que se exprese antes de expulsarlo de la congregación. Luego de escuchar todos los detalles podrás llegar a una buena decisión con la junta y todo será equilibrado y justo.

Muchos pastores y líderes cuando ven la salida de algún miembro o amigo que estaba visitando la congregación y causaba algunos problemas, aprovechan la ocasión para decir desde el púlpito dominical: «Si uno se fue vendrán diez más», o si no dicen: «Dios está sacando lo podrido y limpiando a la iglesia». Entonces cuando esa persona quiere volver al rebaño, estas palabras llegarán a sus oídos y no regresará.

También si algún miembro se ausenta de los servicios, no debemos recibirlos con el insulto: ¿Se te acabaron las vacaciones?», sino debemos decirles al llegar: «Ya estabas haciendo falta amigo, gracias a Dios que estás hoy con nosotros de nuevo». Hablemos con el amor de Dios y veremos cómo el amor de Dios cubre multitud de pecados y levanta al caído.

III. Es santo

Como pastores tenemos el deber de velar por la santidad de nuestra congregación. Que todos los que se envuelven en las diferentes áreas de la iglesia, sea en la Escuela Dominical o en las sociedades, sean personas dadas a la santidad y separadas para el Señor a su servicio. No debemos comprometer la santidad de la iglesia para promover a uno que no está viviendo la vida que Dios demanda de sus hijos e hijas.

Frecuentemente escuchamos a predicadores decir: «En el cielo habrán muchas sorpresas». Muchos dicen que nadie sabe quién irá al cielo y que puede ser que uno que esté en la iglesia y parezca que no está buscando de Dios, a juicio de algunos, sea levantado antes que otro que esté muy involucrado en la iglesia pero hipócritamente, buscando a Dios sin sinceridad.

Aunque sea cierto que muchos en la congregación están mal delante de Dios y hayan pocos en el pueblo de Dios que lo buscan sinceramente, nadie que esté en su casa negando a Dios y negando la congregación de los santos irá al cielo por bueno que sea. La realidad es que nadie que niega a Dios y niega el sacrificio del Hijo de Dios, Jesucristo, es totalmente bueno. Si una persona es sinceramente buena, ¿cómo puede negar y rehusar creer en un Dios tan benevolente que dio a su único Hijo para salvarnos del pecado y la muerte? Tenemos que decir rotundamente que no hay sorpresas en el cielo. La verdad es que todos saben para dónde van y todos saben su final.

Analice esta experiencia real de un ministro. En su trabajo secular conoció a una mujer con la que inmediatamente hizo cierta química emocional y sentimental. Empezó a buscar oportunidades para estar con ella, hasta que finalmente cayó en pecado.

Su esposa comenzó a sospechar algo, lo siguió en su vehículo, y para su sorpresa, lo vio recogiendo a esta mujer en su auto. Al detenerse en un semáforo la esposa salió del vehículo y arremetió contra él con un tubo de metal, logrando este darse a la fuga con la intrusa de la relación. A partir de esa tarde, su esposa lo castigó no permitiéndole tener más relaciones íntimas con ella. El resultado fue desastroso, el matrimonio se rompió, la reputación de él se fue al suelo. La esposa se descarrió y se unió a otro hombre; y el referido ministro también optó por unirse en adulterio a la mujer de la aventura. ¡Había perdido la santidad!

Leamos este testimonio de un prominente líder evangélico: «Hace unos años atrás permití que una raíz de amargura brotara en mi relación con mi esposa y comencé a rechazarla. Creía que podía servir al Señor y no tener que convivir con ella. Pasaron algunos años así, sin resolver las amarguras y enojos que existían en nuestro matrimonio. Luego salí electo... Al poco tiempo... caí en una relación adúltera. Traté de renunciar y después de un año o dos de confesarlo, para poder ser disciplinado y no causar escándalo... no quería seguir. Ese año de nuevo salí electo en la nómina. Se puede imaginar mi sorpresa. Pensé que ya había sido reelecto, y si verdaderamente me había arrepentido, se lo había confesado a Dios, y me apartaba del pecado, sería suficiente. Pero nunca pude sentirme feliz. El gozo se había apartado de mi vida y vivía bajo constante culpabilidad».

La historia de este ministro termina con la admisión a sus subalternos de su pecado y con la confesión y arrepentimiento público del mismo, lo cual hizo a través de una circular. Se sometió a la disciplina reglamentaria y gracias a Dios continua junto a su querida esposa, sin posiciones ejecutivas ni pastorado, pero predicando y sirviendo a otros.

(Agradezco al Pastor Daniel Mejías por los aportes que ha hecho a este capítulo, con excepción de las ilustraciones.)

SEGUNDA PARTE

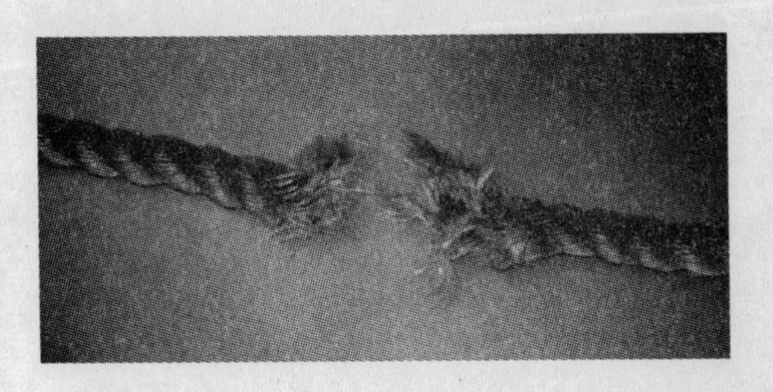

EL PASTOR Y SU FAMILIA

Capítulo cuatro

La esposa del pastor

Mucho se ha escrito sobre los pastores: su ministerio, preparación, éxito, fracasos, agotamiento, relaciones con la congregación y deberes familiares. La esposa del pastor, que de manera indirecta recibe el cincuenta por ciento de las presiones de su esposo, no recibe el reconocimiento y la atención que merece. En este capítulo hablaré de esas «ayudas idóneas», las «heroínas escondidas» y «mujeres célebres», que muchas veces pasan desapercibidas, ignoradas, o son enterradas dentro de las mismas congregaciones.

I. Lo que se espera de ella y lo que en realidad hace

Las congregaciones esperan mucho de las esposas de los pastores. Las encierran dentro de moldes donde no pueden sentirse cómodas ni seguras. También las ubican en contextos en que no pueden funcionar. Las despersonalizan al extremo de que muchas dejan de comportarse de manera «normal» y asumen una conducta «anormal» en sus relaciones y expresiones.

Esto nos recuerda lo que Saúl esperaba de David

cuando este último se iba a enfrentar al gigante Goliat. Saúl esperaba que David usara la armadura que le había provisto, y el joven pastor trató pero después la puso a un lado. Decidió emplear las cinco piedras lisas del arroyo y su honda. Así se enfrentó cara a cara al gigante Goliat (1 Samuel 17:38-42). Algunas cosas que las congregaciones esperan de las esposas de los pastores y que estas no pueden satisfacer son:

A. *Esperan que sea pastora auxiliar.* En la mayoría de los casos Dios ha llamado al esposo al pastorado, y se lo exige, no a ella. La esposa del pastor no tiene el llamamiento a servir a la congregación como extensión del ministerio de su esposo. Su llamado ha sido mayormente a ser «ayuda idónea» de su marido.

Muchas congregaciones tienen el privilegio de que por un salario reciben el trabajo de dos. La esposa del pastor le ayuda no porque la congregación la obligue, sino porque es parte de su deber conyugal. Por otro lado, una esposa de pastor que no ayuda a este, lo pone en desventajas en el desarrollo de su ministerio.

Cuando se contrata a un pastor, en dicho contrato no hay cláusula que le asigne un sueldo a la esposa del pastor. En lo antes dicho me refiero a congregaciones de denominaciones tradicionales. Por lo tanto, la congregación tiene que reconocer que sus exigencias son para ser hechas a él, no a ella. Al pastor le pueden exigir visitas pastorales, mejor administración, que les predique o les enseñe, pero no a ella. Para evitar esto, si ella tiene un ministerio complementario al de su esposo, se le debería hacer alguna provisión financiera y utilizar al máximo sus servicios

La esposa del pastor que no es pastora auxiliar, sino otro miembro de la congregación, necesita comprensión en este caso particular. Desde luego, muchas esposas de pastores llenan los requisitos para ser pastoras auxiliares o copastoras. A veces se da el nombramiento de pastor auxiliar o copastor a personas incompetentes, infieles, desleales a la autoridad espiritual, que carecen de un corazón de siervo, que no son escuderos espirituales, y que no han dado ninguna muestra de tener un llamamiento de ayuda pastoral. En ese caso el pastor, si su esposa ha sido llamada y si puede cumplir con el ministerio pastoral, debe hacer público su nombramiento. Es posible que también nombre a otro pastor auxiliar que le ayude en ausencia de ambos o cuando la situación lo requiera.

B. *Esperan que la esposa del pastor sea una santa.* Los feligreses se olvidan que la hermana «Evodia», aunque es la esposa del pastor «Clemente» es humana. Ella experimenta disgustos, se enoja, tiene faltas en su conducta y carece de un carácter *glorificado.* Es un ser humano como cualquier otro, con derecho a molestarse y hasta a enojarse.

La imagen de su esposo parece ponerla en un lugar de privilegio y honra, pero también la priva del derecho a su identidad. Le produce presiones de adentro y de afuera. La esposa del pastor no es una figura de yeso que se para detrás de una vitrina, sino una mujer de carne y hueso. Ella no puede ser hipócrita para complacer a una congregación insatisfecha y desconsiderada.

C. *Esperan que nunca se queje.* Las presiones de su marido se reflejan en ella. Las presiones ministeriales producen tensiones, ansiedades y depresiones. Los feligreses ven la sonrisa fingida y disimulada en ocasiones de su pastor, la esposa ve sus lágrimas y escucha sus quejas. En su alcoba privada ella escucha las quejas continuas de su esposo y experimenta su tristeza a su lado.

La esposa del pastor sabe cuándo la congregación le quiere quitar a su esposo, o le toma el tiempo de ella y de sus hijos. No es de extrañar, pues, que sienta celos, que proteste emocionalmente. Es humana, lo lógico es que reaccione. No puede cerrar la boca y explotar por dentro. Si su marido le dedica tiempo a la congregación, ella debe exigir y demandar tiempo también. La congregación puede ser «la otra mujer» que se inmiscuye en su matrimonio, y hasta puede ocasionar el fracaso del mismo.

En Cantares 1:6 leemos: «*Me pusieron a guardar las viñas, y mi viña, que era mía, no guardé*». Yo le haría a este pasaje la siguiente traducción libre o paráfrasis: «*Me pusieron a cuidar a los feligreses, y a mi propia familia descuidé*». Esta es la falta de muchos pastores, descuidan a su esposa y sus hijos por el ministerio. Para ellos el ministerio es más importante que la familia, cuando en realidad la familia es más importante que el ministerio.

II. La percepción que ella tiene de sí misma y lo que es en realidad

La esposa del pastor no puede ser nadie más que ella misma. Antes que todo ha de buscar la felicidad de su familia y la estabilidad de su matrimonio. El cuidar de su familia y mantenerla unidad es su meta. No tiene que vivir de pretensiones o de apariencias, tiene que ser ella le guste o no lo guste a otros. Pero siendo siempre una mujer respetuosa y considerada hacia los demás.

A. *La esposa inactiva.* Son muchos los miembros de iglesias que dicen: «La esposa del pastor es inactiva». «Ella no hace nada». «No está ayudando a su esposo». Con estas expresiones describen su pasividad y falta de liderazgo. Otras hermanas pueden ser calladas, no enseñan en la Escuela Dominical, ni predican, ni son presidentas de la sociedad de damas... y la congregación se calla la boca, pero cuando se trata de evaluar a la esposa del pastor, no hay lengua que se ponga candado.

La esposa del pastor puede ser inactiva en el liderazgo, pero activa en su presencia, apoyo y cooperación con su esposo y la congregación. Aunque no ejerza un cargo, no se le debe fiscalizar. No hay que olvidar que ella tiene uno de los trabajos más difíciles, el de ser la esposa del pastor.

La esposa del pastor que es inactiva al extremo da lugar a que otras hermanas hagan la misión que quizás ella debería desarrollar. Se espera que hasta donde sea posible, la esposa acompañe al pastor a ciertos lugares, reuniones y visitas pastorales. De no asistir ella alguna otra hermana lo hará. A la larga eso puede ser causa de celos o habladurías. De alguna manera, ella debe considerarse como parte integrante del ministerio de su esposo y ayudarle en el desempeño del mismo.

B. *La esposa activa trabaja hombro a hombro con su esposo*. Aunque no recibe salario, ni ofrendas, siente el peso del ministerio que a su esposo le ha tocado llevar. Por eso le ayuda a llevar la carga. Se da cuenta de todo lo que está a su alcance. Una esposa así garantiza el ministerio de su esposo por muchos años. Esta es la esposa de un pastor que se siente tan llamada como él. Su título de misionera no es honorífico sino práctico. No busca premios, sino el éxito de su esposo y el triunfo del evangelio.

Esta clase de esposas predican, enseñan, presiden, aconsejan y hacen visitas a los hospitales y hogares. (Desde luego no quiero decir que para que la esposa de un pastor sea activa, tenga que hacer todo eso.) En la ausencia de su esposo, ella sabe trabajar con los encargados de la iglesia.

Lo admirable es que siempre reconoce su lugar y no explota el privilegio que se le otorga de ser la primera dama de la congregación. Busca servir y no ser servida. El orgullo y la vanidad no son sus adornos sino la humildad y la consideración hacia los demás.

C. *La esposa demasiado activa.* Lo quiere hacer y controlar todo. Su participación demasiado activa le hace sombra a otros ministerios que quieran levantarse en la congregación.

Muchas veces pone en aprietos la autoridad de su esposo, y sin desearlo, encadena su ministerio. Su ayuda se llega a convertir en estorbo, y la participación extrema lleva a la congregación a reaccionar contra ella.

Estas esposas muy activas son en ocasiones culpables del distanciamiento entre la congregación y su pastor. Por causa de ellas las congregaciones, aunque amen a sus pastores, los presionan hasta que presenten su carta de renuncia. Otras veces el pastor por causa de su mujer y para salvar su matrimonio se ve en la necesidad de presentar la renuncia, aunque al hacerlo disfrace la razón de su partida.

III. Lo que la esposa del pastor espera de la congregación

La esposa del pastor llega a la congregación y abriga muchas esperanzas verdaderas y otras falsas. Muchas esposas de pastores se sienten satisfechas con las congregaciones; otras jamás satisfacen sus deseos.

A. *La esperanza de la consideración.* A todo ser humano le gusta la consideración. Ahora, se debe establecer una línea de distinción entre las consideraciones verdaderas y las de privilegios.

1. *Las consideraciones verdaderas*. La esposa del pastor debe ser considerada. Los feligreses no deben tomar el tiempo de su esposo en cosas que no tienen sentido. Los miembros de algunas congregaciones a veces molestan a los pastores por necedades o boberías, pidiéndoles que hagan cosas que ellos mismos pueden hacer. El tiempo que el pastor dedica a su esposa y su familia se debe respetar. Ningún miembro tiene derecho a reclamárselo. El día de descanso pastoral debe ser respetado por la congregación.

Muchos miembros de congregaciones han interpretado mal el ministerio pastoral. Cosas que los pastores no hacen por su familia y en su hogar, las hacen por compromiso con los feligreses. Hay hermanos que usan al pastor como taxista, alguien que los mude de domicilio, chofer o conductor de ambulancias y para mil oficios más. En muchas congregaciones pentecostales o no pentecostales la mayoría de las veces los pastores ejercen por fe, son bivocacionales, es decir, que para sostenerse ellos y la familia necesitan «levantar carpas» o trabajar secularmente. Algunas iglesias no creen en pastores *asalariados*. Es triste pero interpretan mal el término. Un pastor debe ser remunerado por su ministerio. En este caso particular la esposa del pastor necesita consideración.

2. *Las consideraciones de privilegios*. La esposa del pastor no debe creer que para ella tienen que haber consideraciones especiales. Muchas se consideran las más sacrificadas de toda la congregación. Aunque no negamos que ella es la primera dama de la congregación y merece respeto y honor.

A estas hermanas les gusta que le pongan alfombra roja para modelar su atuendo de privilegios. Si las saludan, no responden con un saludo como es de esperarse. Muchas esposas de pastores dicen: «¿Qué se cree esa? Yo soy la esposa del pastor».

B. *La esperanza de la felicidad.* Una hermana decía: «Nunca me pasó por la mente que al ser la esposa del pastor me enterraría viva». La congregación debe procurar que su pastor y la esposa se sientan felices. No hay cosa peor que hacer un trabajo disgustado, incómodo y de mala gana. La iglesia hará feliz al pastor y su esposa si coopera y participa.

El pastor necesita vacaciones y la congregación debe permitírselas. No debe esperar el día del pastor para sentarlos en la plataforma y dedicarles algunos himnos, un programa improvisado, y luego algunos regalos. Escuché a un pastor que dijo: «¡Qué hipócritas son, todo el año lo que nos dan a mi esposa y a mí son disgustos!»

C. *La esperanza del amor.* Son incontables las congregaciones que aman a sus pastores, pero a su esposa la aceptan de mal gusto. Aun más, hay quienes se atreven a decir: «Pastor, a usted lo amo en el Señor, pero a su esposa no la paso ni con agua». Esta clase de feligreses no entienden que al decir esto hieren los sentimientos de un hombre de Dios. El amor hacia la esposa del pastor debe ser genuino, no aparente ni fingido. Desde luego, se espera que la esposa del pastor sea amorosa como verdadera sierva de Dios.

La esposa del pastor no debe ser problemática, antipática ni de carácter agrio. Por el contrario, debe ser una mujer afable, agradable, cariñosa, amigable, social, que inspire confianza, que dé gusto hablar con ella. No una malcriada, respondona y que en vez de ayudar a resolver problemas, sea la que los cause. Tiene que ser parte de la solución y no del problema. No debe andar envuelta en chismes, ni estar haciendo comentarios sobre alguien que de alguna manera afecte la posición representada por ella o el ministerio de su pareja.

D. *La esperanza de la comprensión.* Cualquiera puede faltar a un culto. Se menciona y se ora por la persona ausente. Si la esposa del pastor falta a una reunión o servicio de adoración, hay quienes murmuran por su ausencia. Es probable que en el próximo servicio una hermana le pregunte: «Hermana Trifosa, ¿qué le pasa? Hace tiempo no la vemos».

La esposa del pastor necesita que la comprendan. Si faltó a una reunión es por alguna razón y no se le debe acusar. Si su esposo anuncia que está enferma deben visitarla y llamarla por teléfono. Se le debe demostrar que hace mucha falta en la congregación de los creyentes.

E. *La esperanza de la sinceridad.* Rara es la congregación, por más «transfigurada» que sea, que no hable a espaldas del pastor, su esposa y familia. El tema de muchos chismes es ella. Unos hablan bien de su trabajo. Otros critican lo que hace. La mayoría de las personas que hablan mal de ella no la conocen. La esposa del pastor espera encontrar creyentes sinceros en la congregación.

El pastor es una figura pública, su posición lo expone a la crítica y a las murmuraciones. El que hablen mal de él o de su esposa no lo debe tomar por sorpresa. Uno tiene que prepararse para no dejarse afectar por lo que digan de uno.

F. *La esperanza de la amistad.* Si algo desean las esposas de los pastores es tener amigos en la congregación y en el ministerio. Lo triste es que muchos quieren buscar su amistad para averiguar, interrogar e inmiscuirse en los asuntos del pastor. La posición de la esposa del pastor es muy delicada; no le permite tener la lengua «suelta» ni revelar los secretos de su esposo.

Por eso escoge a sus amigas con cuidado y mucha sabiduría. Tiene que cuidarse de lo que dice, cuándo lo dice, cómo lo dice y delante de quién lo dice.

Muchos le ponen pequeñas trampas para ver si ella cae. Cuidado, manténgase alerta.

La esposa del pastor goza de amistades, prestigio, respeto, es la primera dama de la congregación. Pero todo eso se puede esfumar de la noche a la mañana si el pastor cae en pecado, se enferma y no pueda continuar ejerciendo el pastorado o si fallece.

La esposa de un buen amigo mío me dirigió la siguiente carta: «Pastor, muchas cosas me duelen de los pastores nuestros en el área, los que son de nuestro concilio y que decían amar a mi esposo. Nunca, hasta el sol de hoy, ni tan siquiera me han dado una llamada por teléfono para ver como esta la viuda... Ni tan siquiera el Presbítero de esta Sección, que también era amigo de mi esposo, pregunta por mí... Pero Dios sabe todas las cosas, después que Dios me dé salud, lo demás no importa, porque Dios no deja justo desamparado... Gracias por brindarme su hogar, lo tomaré en cuenta para irme en unas vacaciones para allá, yo le avisaré».

Esta viuda de un ministro del evangelio se quedó sola, sin el apoyo de los amigos ministros de su esposo; al él fallecer, la relación que tenían con ella también murió. Ella experimentó otra clase de muerte, la de los colegas, la de los amigos, la del olvido humano. Espero que lo dicho haya aumentado su consideración y aprecio de la esposa del pastor

Capítulo cinco

Los hijos del pastor

¿Alguna vez se ha puesto usted a pensar sobre lo que sienten los hijos del pastor? Posiblemente estemos muy lejos de la realidad que rodea a los hijos de los pastores. En este capítulo trataré de explorar tal realidad.

No soy hijo de pastor. Mi esposa tampoco es hija de pastor. La congregación que pastoreamos ha sido muy considerada con nuestras dos hijas. Mi reflexión parte de mis propias observaciones y de conversaciones que he tenido con hijos de pastores.

Los hijos del pastor comparten la atención y el amor de su padre con toda la congregación

Mientras otros padres le dedican más tiempo a sus hijos, los hijos de los pastores sufren por falta de atención y de calor paternal. (Esto no se aplica a muchos que saben ser pastores y padres.) Los pastores nos ponemos muchos sombreros: el sombrero de padre, el sombrero de esposo, el sombrero de hijo, el sombrero social, el sombrero de predicador, el sombrero de líder... y el sombrero de pastor. No nos podemos confundir en el cambio de sombreros y ponernos un sombrero equivocado en la posición que no le corresponde.

Un padre pastor se puede involucrar tanto en las exigencias del ministerio, que a veces ignora el llamado de atención que le hacen sus hijos. El pastor muchas veces tiene tiempo para la congregación, pero para los hijos únicamente si le sobra. Y eso está mal. Su familia es su primera congregación y si falla con esta, lo demás también puede fracasar. Es contradictorio ver a tantos con familias disfuncionales que persisten en estar en un ministerio pastoral.

En Cantares 1:6 leemos: «*Me pusieron a guardar la viña, y mi viña, que era mía, no guardé*». Más importante que el ministerio es la familia. Es preferible mantener una familia unida y bien servida, que servir con una familia fragmentada, desunida y carente de equilibrio filial y espiritual.

El apóstol Pablo en su ponencia pastoral declaró: «*Porque si alguno no provee para los suyos, y mayormente para los de su casa, ha negado la fe, y es peor que un incrédulo*» *(1 Timoteo 5:8)*. La responsabilidad con la familia es un deber cristiano. Es inmoral no proveer para la familia y desatender a la misma.

Es más, si el pastor ve que por causa de su pastorado su familia sufre, en vez de continuar luchando y viéndolos sufrir, debe renunciar y servir a su familia, si no encuentra una solución mejor al problema.

Los niños de pastores en ocasiones se privan de jugar en un parque o de tener un día de paseo con su papá. No pueden tener una noche para ver la televisión con su «papi». Salir de viaje un fin de semana es un lujo que no se pueden dar, y aun cuando su papá toma vacaciones, lo que hace es llevarlos a las iglesias, ya que a menudo contrae múltiples compromisos.

Muchos pastores tienen un trabajo de veinticuatro horas y siete días a la semana. Según ellos no pueden descuidar la obra. Por lo tanto, se han esclavizado al ministerio pastoral... y han esclavizado a su familia. La familia necesita oxigenarse, se le debe dar un espacio humano, para que ellos puedan realizarse emocionalmente.

La tristeza de muchos pastores es: «Nunca me di cuenta de que mis niños estaban creciendo. Hoy están mayores, y no disfruté de su niñez. El ministerio no me lo permitía». El ministerio es importante, pero más importante es la familia. El verdadero éxito pastoral se evalúa por el éxito con la familia.

A los hijos de los pastores se les considera como ángeles o como diablos

En la congregación cualquier niño puede jugar, reírse, ir mucho al servicio sanitario, hacer travesuras... pero no el hijo del pastor. Cualquier diácono gruñón, le dice: «Por ser hijo del pastor tienes que dar ejemplo». Los hijos de los pastores deben verse como cualquier otro niño, adolescente o joven de la comunidad de fe.

Las congregaciones muchas veces exigen demasiado de los hijos de los pastores. Hubo un tiempo cuando los pastores no se atrevían a enviar a sus hijos a la universidad por temor a las murmuraciones. Mientras los hijos de sus críticos se educaban, sus propios hijos se quedaban ignorantes.

La familia del pastor es vulnerable a los ataques, los celos, las críticas y las murmuraciones. Muchos quisieran ver a los hijos de los pastores como ángeles, querubines o figuras de ornamento. Esos niños sufren por la posición del padre. Son acusados y criticados continuamente. No debe extrañarnos entonces la rebeldía que a menudo se manifiesta en los hijos de los pastores. Muchas veces la congregación tiene algo de culpa.

En otros casos se debe al propio descuido del padre, que preocupándose por su ministerio, se despreocupa de sus hijos. Esta clase de padres nunca tiene tiempo para compartir con sus hijos. No sale con ellos de pasadía, no toma vacaciones con ellos, y no comparte sus actividades escolares o juveniles.

El pastor que sacrifica a sus hijos por amor a la obra es tan culpable como el padre que abandona el hogar. «*Porque si alguno no provee para los suyos, y mayormente para los de su casa, ha negado la fe, y es peor que un incrédulo*» (1 Timoteo 5:8). Hace muchos años conversaba con mi amigo el Rvdo. Joseph Santiago, y él me declaró: «Kittim, un ministro se transforma en un incrédulo si deja de proveer para su familia».

El pastor testifica de su fe atendiendo a su familia, a su esposa e hijos. Es su responsabilidad proveer para todas sus necesidades. A ellos se les debe ofrecer provisión, protección, cuidado y amor.

La necesidad espiritual. El pastor tiene que ser sacerdote en el templo, delante de la congregación y en el hogar delante de sus hijos y su esposa. Los hijos deben ver que el padre o la madre en el hogar es tan espiritual como cuando pastorea. Los padres que ejercen el pastorado deben ayudar a suplir las necesidades espirituales de sus hijos.

La necesidad social. El pastor debe interesarse por la vida social de sus hijos. Participar en sus actividades como el primer día de clases, un día de visita a la escuela, alguna actividad en la que su hijo participe o en su graduación; ir de vacaciones con sus hijos para divertirse juntos, nadar, jugar pelota y muchas otras cosas.

La necesidad sicológica. Los hijos atraviesan situaciones emocionales, experimentan cambios biológicos, fisiológicos y sicológicos. Necesitan el padre que los acompañe en esos momentos de presiones juveniles y los auxilie cuando estén agobiados por las presiones de la vida.

La necesidad económica. Muchos pastores son los peor pagados de la sociedad; carecen de buenos beneficios como planes médicos, seguros de vida y plan de retiro. Por amor al ministerio no trabajan en otra cosa y no tienen una congregación que los pueda ayudar de manera digna. Las Sagradas Escrituras dicen al particular: «*Los ancianos que gobiernan bien, sean tenidos por dignos de doble honor, mayormente los que trabajan en predicar y enseñar. Pues la Escritura dice: No pondrás bozal al buey que trilla; y: Digno es el obrero de su salario*» *(1 Timoteo 5:17-18).*

La familia pasa por presiones económicas. Muchas veces el pastor no tiene dinero para dar a sus hijos para comprarse ropa. Lo que voy a decir quizá no sea del agrado de muchos, pero de todas maneras lo diré. Todo pastor debe ser proveedor de su familia. Si la congregación no puede suplir sus necesidades económicas, él o ella debe servirles en parte y tener otro trabajo. También es preferible que deje de pastorear, se haga miembro de una congregación, busque un trabajo y así provea para las necesidades de su familia.

Sé de un pastor que con tristeza tenía que visitar a uno de sus hijos en la prisión. Al preguntarle a este joven por qué robaba, su respuesta fue: «Porque mi papá estaba tan metido en las cosas de la iglesia, haciéndonos pasar tantas necesidades, y recibiendo ropas viejas que le donaban para nosotros, que me cansé de esa miseria y me puse a robar».

El hijo del pastor no puede ser un *ángel*, así como el hijo del diácono «X» tampoco lo es. El pastor que trata de canonizar o enyesar a su hijo para que sea un «santo de vitrina» le está faltando a Dios. Ese niño o niña necesita amor paternal, no un castigo para satisfacer a una congregación que busca la perfección en la familia pastoral.

Por el contrario, el hijo del pastor también puede ser considerado como un «travieso». Por ser hijos de pastores se espera que no se comporten como niños. La crítica lapidante está siempre esperando que cometan una falta para atacarlos.

Ahora hablemos de los hijos de los pastores cuando son jóvenes y caen en un estado de rebeldía contra las estructuras eclesiásticas. Estos niños desde pequeños han estado en la iglesia, conocen la hipocresía de muchos miembros y la apariencia que pretender vivir, y al llegar a cierta edad desean hacer su propio experimento con el mundo. Muchos líderes dentro de la congregación, carentes de madurez espiritual y de consideración, les echan en cara a los pastores que no saben dirigir a su familia al ver las faltas que cometen sus hijos.

El apóstol Pablo señaló como requisito para el cargo de anciano lo siguiente: «*El que fuere irreprensible, marido de una sola mujer, y tenga hijos creyentes que no estén acusados de disolución ni de rebeldía» (Tito 1:6).* Luego leemos lo dicho por el apóstol: «*Que gobierne bien su casa, que tenga a sus hijos en sujeción con toda honestidad» (1 Timoteo 3:4).* El que pastorea debe ser una persona de buen carácter a la cual sus hijos respeten. Se espera que el pastor, su esposa y sus hijos den buen ejemplo. Muchos pastores tienen hijos inconversos, porque cuando nacieron los que ahora son pastores también eran inconversos. A otros, los hijos se les han descarriado.

Es triste y doloroso cuando un pastor cae en pecado, sus propios hijos y pareja sufren en carne propia la desgracia de esta persona. Los hijos de un pastor latinoamericano me hicieron llegar esta carta: «Basados en evidencias que hemos encontrado... Hemos comprobado que nuestro padre... y la secretaria... mantienen una relación inmoral... Nosotros hemos sacrificado nuestra vida familiar por los últimos treinta y cinco años de ministerio y deseamos que el plan del Señor se cumpla. Con este propósito venimos ante ustedes por su oración, amor y guianza. Confiamos en que el Señor nos ayudará». Un año después, de una manera muy trágica que aquí no conviene decir, este pastor fue asesinado.

Un pastor nunca debe esconder ni disimular el pecado de sus hijos. Muchos pastores, cuando sus niños eran pequeños, no trataban con consideración a los jóvenes de otras familias y los criticaban por la forma como vestían. Para ser claro, eran legalistas y dogmáticos. A cualquier joven que no entraba por su ley, lo ponían en disciplina y hasta lo presionaban tanto que el joven optaba por abandonar la fe cristiana.

El exagerarse en el legalismo es dañino, enfermizo y afecta la libertad recibida en Jesucristo. Aunque todos somos legalistas de una manera u otra. Recuerdo en una ocasión que le expresé a mi buen amigo el Rvdo. Dr. Israel Suárez lo siguiente: «Israel, no bajo del altar cuando subo a no ser que haya una emergencia tan grande que me vea obligado a hacerlo, ni tampoco mis asistentes o yo cruzamos las piernas en el altar». A lo que respondió: «Kittim, esto también es legalismo... Pero creo que es importante que el ministro sepa como conducirse en el altar de Dios».

Desde luego, respetamos las posturas dogmáticas de las diferentes denominaciones. Pero muchas de las mismas son simplemente una cultura religiosa.

El problema está en que cuando los hijos de esos pastores llegan a jóvenes y comienzan a comportarse como los otros jóvenes que en el pasado ellos disciplinaron, ahora le dan otra interpretación a su postura dogmática para poder entender a sus hijos. La famosa excusa es: «En aquellos años yo era más inmaduro y actué por lo que veía a otros hacer. Hoy día he madurado y me doy cuenta que estaba equivocado. Tenemos que entender que los tiempos han cambiado». Lo irónico es que han cambiado a conveniencia de ellos y de su familia.

Yo procedo de una tradición muy legalista. Las exigencias eclesiásticas que como a jóvenes nos ponían nuestros líderes eran extremistas. Al pasar los años hemos visto que nos predicaban una cosa diferente de lo que ahora predican, la dogmática de ellos ha cambiado y por lo tanto, su mensaje tiene otro énfasis. Muestro a ellos mi respeto por ver que maduraron y que ahora son más sensibles y humanos.

Por eso el pastor debe tener consideración con los hijos de otros hermanos. Porque llegará el día cuando esos hermanos tendrán consideración con los nuestros. No esperemos misericordia si no hemos sido misericordiosos. El misericordioso alcanzará misericordia, el que perdona será perdonado, el que ayuda será ayudado.

En 1 Samuel 2:1-17 hay un ejemplo de lo que trato de comunicar. Leemos de los hijos de Elí: «*Eran hombres impíos, y no tenían conocimiento de Jehová ... Era, pues, muy grande delante de Jehová el pecado de los jóvenes ...*»

Los hijos de Elí servían a Dios mientras estaban en pecado. Elí lo sabía... pero los dejaba en el servicio sacerdotal. Elí, líder espiritual del pueblo, había perdido su visión espiritual, no tenía ya credibilidad, su integridad estaba en duda.

Un pastor nunca debe permitir que si sus hijos andan mal delante de Dios sirvan en el templo. Un hijo en pecado no debe predicar, ni tocar los instrumentos musicales, ni cantar, ni ejercer ningún puesto. Hacernos los de la vista gorda es caer en la misma miopía espiritual de Elí. Y esto también es aplicable a cualquier miembro de la familia que esté andando mal delante de los ojos de Dios.

Los hijos del pastor necesitan el amor de la congregación

Los miembros de las congregaciones deben ser menos exigentes con los hijos de los pastores. No digo que sean demasiado tolerantes, sino que traten a los hijos del pastor como a ellos les gustaría que trataran a sus hijos. Doy gracias a Dios por la congregación que mi esposa Rosa y yo pastoreamos, la *Iglesia Pentecostal de Jesucristo de Queens*, donde nunca les han dado un trato diferente a mis dos hijas, las cuales hoy día son mayores de edad. Una asistió a la universidad y la otra está asistiendo, pero ambas son fieles al Señor Jesucristo.

Las presiones que un pastor y su pareja reciben en el ministerio las pueden proyectar a sus hijos. En carne viva los hijos sufren la aflicción de sus padres. Los hijos de pastores conocen la «lepra» que tienen escondida muchos feligreses. Saben que la iglesia tiene muchas enfermedades como la hipocresía, el celo, la envidia y la rebelión. Por eso necesitan que la congregación los trate con consideración y aprecio.

En vez de tratar de convertirlos en niños modelos, es responsabilidad de la iglesia darles alegría y estímulo. El pastor es polifacético, y eso es algo normal en todos los seres humanos. A la congregación le muestra la cara que desea que conozcan de él. Sus hijos lo conocen en privado, como se expresa en el hogar.

Se cuenta de un joven que estaba en el funeral de

su padre. Una dama se levantó y dijo: «Cuando atravesaba por un momento difícil en mi matrimonio, mi pastor llegó a nuestro hogar, nos aconsejó, y gracias a Dios y a él nuestro matrimonio sobrevivió». Luego se levantó un joven y dijo: «Yo era rebelde. Los problemas de la juventud me ahogaban. Quería abandonar la iglesia. Mi pastor lo supo, me llamó y me aconsejó. Hoy doy gracias públicamente por su ayuda».

Una anciana que estaba sentada se levantó: «Permítanme testificar. Tengo que decir que el ser que vivió en ese cuerpo me ayudó demasiado. Quedé viuda y sola en mi hogar, pero mi pastor siempre me supo dar calor humano y compañía. Siempre que lo necesitaba, solo sabía decirme una palabra: "Sí". Voy a echar de menos a mi pastor».

Mientras todos hablaban, el hijo del pastor fallecido lloraba inconsolablemente. Por fin, se compuso y pudo hablar expresando su tristeza y dolor: «Ahora sé por qué cuando era niño mi papá no estaba a mi lado. Él estaba ayudando a esta hermana que tenía su matrimonio al borde de una ruptura. Papi, perdóname por haberme quejado de ti. Te dedicabas a ella y a otros en situaciones semejantes.

»Ahora sé por qué durante mi juventud mi papá no tenía tiempo para estar conmigo. En la escuela yo lo echaba de menos. Otros condiscípulos venían acompañados de sus padres a las actividades, papi siempre faltaba. Era que estaba ayudando a este joven con sus problemas. Papi, perdóname por haberme enojado contigo. No sabía que el tiempo que me quitabas a mí se lo estabas dando a otros jóvenes.

»Ya sé por qué cuando trataba de hablar con mi papá y de divertirme con él, siempre tenía prisa. Era que ayudaba a esta anciana. Papi, perdóname porque cuando no tenías tiempo para mí, me llenaba de ira. Mi tiempo lo compartías con los que estaban solos».

TERCERA PARTE

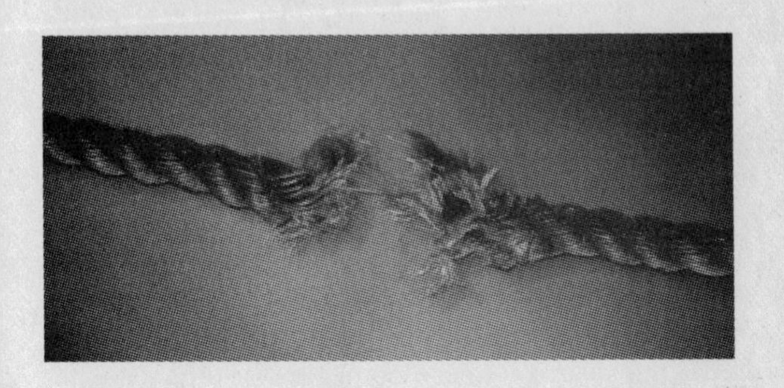

EL PASTOR Y SU CONGREGACIÓN

Capítulo seis

La congregación y el pastor se casan

Las relaciones entre el pastor y la congregación se pueden comparar con las relaciones matrimoniales. El pastor, por decirlo así, se enamora de la congregación. Esta también se enamora de él y se comprometen. Finalmente se casan mediante una ceremonia donde a ambos se les hacen ciertos encargos. Analicemos de cerca estas relaciones matrimoniales entre el pastor y la congregación. Alguien dijo: «En el primer año el pastor conoce a la congregación, en el segundo año la congregación conoce al pastor y en el tercer año el pastor y la congregación parece que no se conocen».

El noviazgo

Puede surgir de la iniciativa que tenga él o ella hacia la congregación. Muchas congregaciones se quedan sin pastor y el concilio envía algunos candidatos. El comité de púlpito los examina. Los pone a prueba delante de la congregación por algunas semanas. Esta los escucha y se expone a su ministerio. Cuando llega la noche de la votación, la congregación escoge a uno de los candidatos.

La congregación elige al pastor del que se ha enamorado, quizás por su carácter, apariencia física, estilo de predicar o preparación académica. Algunas congregaciones se sienten inclinadas hacia los pastores de más edad. Otras los prefieren jóvenes. Muchas prefieren como pastor a un candidato templado. Otras prefieren a uno que sea avivado. La gran mayoría prefieren un pastor espiritual, visionario, comunicativo y sensible a las necesidades de los demás.

No basta conque una congregación se enamore de un candidato, este a su vez debe enamorarse de ella. Quizá se enamore de su historia, tamaño, recursos económicos, madurez teológica, historia, percepción evangelística o esperanza cristiana.

Hay congregaciones que prefieren que su enamorado venga de afuera; otras prefieren que sea de la misma comunidad, es decir, que haya sido miembro y crecido en ella. Un día descubre que su enamorado ha estado siempre con ella. Él a la vez sabe que ama a su congregación y se declaran este amor.

Algunas congregaciones se ven forzadas a enamorarse de quien le han puesto como pastor. Esa decisión la toman los líderes de la denominación o el concilio, el pastor saliente o simplemente la junta de síndicos. En ese caso no se oye ni se consulta a la congregación.

El pastor, para ganarse el amor de la congregación, le tiene que expresar su amor. Mediante el amor el uno se unirá al otro. El pastor y la congregación tienen que estar enamorados. Ese amor se tiene que cultivar. Y esto se conoce en las relaciones públicas como comunicación.

Desde luego hay congregaciones que le profesan un amor falso al pastor que han aceptado. Todavía viven enamoradas del pastor anterior. El día que aquel decide regresar, traicionan al pastor actual y vuelven con el otro. Los pastores nuevos muchas veces entran en una crisis de liderazgo en contra del pastor pasado, y algunos tratan inmediatamente de enterrar la imagen dejada por el otro.

Muchos llegan nuevos a una congregación y se dedican a criticar el trabajo del pastor anterior. Declaran que la congregación no cuenta con muchos miembros, que las finanzas están por el piso, que no hay espiritualidad... Eso es malo, lo que uno siembra eso también cosechará.

Muchos pastores cuando deciden aventurar con algún traslado para residir en otro lugar, le imponen un pastor a la congregación. Casi siempre ponen a una persona que les ha sido fiel. Algunos lo hacen con sinceridad, pero he sabido de muchos que después que se han ido, al ver que las cosas no le salen como esperaban, deciden regresar. ¿Qué sucede? ¿Falta de integridad? No se debe jugar con nadie. Tampoco dar esperanzas falsas a nadie.

Uno ya se lo puede imaginar. Regresan a reclamar su antiguo pastorado. Lo extraño, irónico y traicionero es que la mayoría de las congregaciones vuelven con ellos, dejando espiritualmente destruido a quien les estaba pastoreando.

La luna de miel

La luna de miel para algunos pastores y congregaciones dura uno, dos, tres años o toda una vida. Otros nunca llegan a tener la experiencia romántica de una luna de miel. Desde que se unen lo que experimentan es hiel. ¿A qué se debe que la luna de miel dure mucho o poco? Esto depende de muchos factores:

Como indicamos antes, hay congregaciones que jamás se llegan a enamorar verdaderamente de sus pastores. No obstante, encontramos iglesias que se enamoran de sus líderes de manera permanente y sincera. Si no hay amor recíproco entre el uno y el otro, la luna de miel no puede perdurar.

Cuando la congregación y el pastor se casan sin conocerse bien, tiene que haber un período de adaptación. Entran a la luna de miel abrigando falsas esperanzas. Cada uno espera que el otro se conduzca y obre conforme a sus demandas. Pronto se dan cuenta de que todo ha sido una fantasía.

Sea larga o corta, todo pastor debe procurar tener una luna de miel con la congregación a la cual ha sido llamado a servir. El ministerio es para gozarse, para saborearlo, para hacerlo con felicidad.

El nuevo pastor, antes de involucrar a la congregación en aventuras colosales de aspecto financiero, debe aprovechar su luna de miel para conocerla, y ella a la vez debe hacer lo mismo. Es característico de los nuevos pastores entrar de lleno a desarrollar proyectos grandes.

Algunas congregaciones no tienen un buen diálogo con su pastor. Lo que uno comunica, el otro no lo entiende. Uno de los dos habla lo que quiere, para que el otro entienda lo que quiere. Es posible que el uno sea claro, y que el otro no entienda bien.

La mayoría de los pastores dialogan con la congregación a la hora de la predicación. Nunca tienen tiempo para sentarse con los miembros a hablar en la oficina pastoral. No comparten con ellos ningún día de campo. Nunca hacen una reunión con la congregación. Cuando se reúnen con ellos es para que aprueben lo que él y los funcionarios de la iglesia ya han aprobado y ejecutado.

Dios me ha permitido servir en varias juntas y he visto la manipulación que en muchas de ellas existe. Los miembros integrantes se pueden convertir en sellos de goma. En ocasiones se esconde información de algunos que forman el consejo. Cuando se descubre es porque ya se ha estado practicando algo por bastante tiempo.

Un pastor que no tiene tiempo para dialogar con su congregación es como el esposo que desea resolver todos los problemas con su esposa a la hora de dormir. Entre el pastor y la congregación tiene que existir comunicación efectiva y afectiva, la que se logra mediante la predicación, los estudios bíblicos, las reuniones o las visitas pastorales.

El pastor tiene que sentarse con los dirigentes de la congregación, que son el corazón y la mente de ella. El evitar reunirse con ellos es como el esposo que rehúsa conversar con su esposa.

Da tristeza que muchos pastores teman las confrontaciones con los dirigentes. Por tal razón no creen en tener sus congregaciones organizadas con una junta administrativa. Al no tenerla, el gobierno de la iglesia se concentra en ellos.

Estos dirigentes problemáticos se establecen como dueños y señores de la obra y oprimen a la congregación y al pastor. Ejercen sus funciones según la carne y no según el Espíritu.

La sumisión o la adaptación

El término sumisión significa: «Someter o someterse a alguien». La adaptación por su parte tiene el significado de «acoplamiento». Todo matrimonio puede funcionar bajo sumisión o adaptación. El esposo puede imponer a la esposa, mediante su carácter, que ella se someta. Este tipo de relación produce fricción, frustración y tensión. Lo saludable es que haya adaptación entre ambos. Es decir, equilibrio, comunicación y cooperación.

El Nuevo Testamento habla de sumisión y de sujeción: «*Obedeced a vuestros pastores, y* sujetaos *a ellos*» *(Hebreos 13:17)*. «*Igualmente, jóvenes, estad* sujetos *a los ancianos*» *(1 Pedro 5:5)*.

Estos pasajes hacen que muchos pastores esperen

que la iglesia les diga siempre que sí; que no objeten sus acciones y decisiones, ni se atrevan a llevarle la contraria.

Este sometimiento y sujeción al pastor es una avenida de muchos carriles que corren en ambas direcciones. Según nos damos a otros, otros se darán a nosotros.

Examinemos algunas citas bíblicas acerca de la sumisión y el sometimiento: «Someteos *unos a otros en el temor de Dios» (Efesios 5:21). «Y todos,* sumisos *unos a otros...» (1 Pedro 5:5).* Es evidente que el Nuevo Testamento señala la sumisión como algo que se comparte. Cada una de las partes comprometidas tiene ciertas responsabilidades.

Esa sumisión democrática que la Biblia proclama los sicólogos la llaman adaptación. La adaptación entre el pastor y la congregación les permite comunicarse y acortar la distancia que pueda separarlos. Esa distancia se acorta cuando los dos están dispuestos a caminar hasta encontrarse.

El problema de muchos pastores es que son como el esposo *mandón* que no escucha a su esposa y quiere que ella le diga: «Sí, mi amo». El matrimonio entre el pastor y la congregación exige compatibilidad, no una relación que busque ventajas personales.

Las peleas

En todo matrimonio se presentan «peleas» y «conflictos». Uso el término peleas para referirme a las discusiones, los desacuerdos y la falta de consideración del punto de vista del otro. Conflicto quiere decir encuentros físicos, emocionales y explosiones temperamentales.

Por ejemplo, un pastor puede pelear contra la junta directiva porque esta le revoca una resolución en la cual propuso comprar un edificio mayor. Según los dirigentes, el presente templo está pagado y todavía suple las necesidades de la congregación. Una congregación puede pelear contra el pastor porque este les exija un aumento de salario pastoral, o solicite un mes de vacaciones pagadas.

Las guerras entre el pastor y la congregación pueden ser largas, sin que ningún bando se rinda. La mayor guerra es por el poder y el dominio. Cada cual quiere imponer su autoridad sobre el otro. El «yo» siempre trata de destronar al Espíritu Santo.

Hay pastores que para no tener problemas con los dirigentes, los cuales mientras los dejen tranquilos le darán todo lo que quiera, les entrega el poder. Cuando llega un nuevo pastor, con más carácter y liderazgo que el anterior, comienza una lucha de poder entre pastor y dirigentes.

Una guerra continua o peleas sin cesar a la larga enfrían cualquier sentimiento de amor entre el pastor y la congregación. Un divorcio será inminente tarde o temprano.

No deseo que me interpreten mal, pues creo en la autoridad pastoral y la acepto. El verdadero hombre de Dios puede ejercer su autoridad con amor. No apoyo a los pastores voluntariosos o caprichosos que reciben o excomulgan a quienes quieren.

El divorcio

Entre los pastores y las congregaciones hay muchos casos de divorcio. Las causas son múltiples: traslado, expulsión, pecado, falta de responsabilidad, rechazo, desánimo y conflictos. ¿Qué lleva a las congregaciones a divorciarse de los pastores?

A. *La falta de atención de los pastores.* El pastor es como un esposo para la congregación; si la desatiende y no le responde, esta dejará de amarlo.

El púlpito del pastor estará en su iglesia. Una vez que uno es llamado al ministerio del pastorado, los compromisos como predicador de otras congregaciones se limitarán. Un pastor debe confraternizar, pero ha de evitar el hábito de estar predicando fuera de la congregación muy a menudo.

B. *Su familia o las familias de la iglesia.* En ciertas congregaciones los feligreses están en «clanes» de familias. El pastor que entra en guerra con un miembro de estos «clanes» firma un decreto de muerte. Por lo general estas familias son la maquinaria que mueve a las congregaciones y lo controla todo. Si el pastor no tiene tacto para tratarlos, en cualquier momento lo enredan en problemas.

En el reglamento de la iglesia local debe haber una cláusula donde se estipule que en la junta directiva de la congregación solo puede haber un miembro de cada familia. Dos o tres miembros de una familia dentro de una junta son una amenaza para el pastor.

Cuando él tenga problemas con uno, los otros dos se rebelarán. De igual manera en una junta de diáconos solo debe haber un miembro de determinada familia. El mayor peligro es tener esposos con sus esposas dentro de la junta. Los pastores que los han tenido pueden contar los dolores de cabeza que esto les produjo.

La familia del pastor puede ser causa de un divorcio. Es natural que todo el mundo desee sobrevivir, cuanto más el pastor. Esto lo puede llevar a colocar a miembros de su familia en posiciones estratégicas para así evitar un golpe de estado. Algo así puede dañar su ministerio. En particular si tiene como tesorero a su esposa o algún familiar. La familia del pastor debe reconocer el lugar que le corresponde y no entrometerse en los negocios de Dios.

El pastor no está llamado a compartir su poder con la familia. Su familia no es la congregación, sino forma parte de ella. Desde luego, esto ocurre mayormente en congregaciones no afiliadas o libres, donde después del pastor no hay otra autoridad. Por lo tanto, este no tiene que dar cuentas a ningún superior.

C. *El adulterio*. Tanto la congregación como el pastor pueden adulterar. El pastor puede caer en el adulterio físico. También puede adulterar en principios éticos, morales y doctrinales. Hay congregaciones que mientras tienen un pastor están deseando tener a otro, y hacen planes al respecto.

D. *La incompetencia*. La incompetencia surge por la falta de conocimiento, disciplina, responsabilidad y dedicación. La incompetencia se puede revelar en la administración, el cuidado pastoral, la organización y la predicación. Las congregaciones se cansan de los pastores incompetentes.

E. *Los celos*. Algunos pastores celan a su congregación. No les gusta que nadie les predique. Antes de que se invite a un predicador lo someten a un intenso y extenso interrogatorio. Les atemoriza que los miembros de la congregación en las noches que no tienen culto local puedan asistir a alguna cruzada evangelística o visitar otra congregación sin su compañía. Creen que le van a quitar a esos miembros. A cualquiera que pueda hacerles sombra en la congregación lo marginan y silencian. No les gusta la competencia. Su ministerio está cercado por la inseguridad, la falta de confianza y la necesidad de amor propio.

F. *La falta de carácter*. Si algo las congregaciones esperan de su pastor es que sea un representante de

Dios, no un mentiroso ni un charlatán, además confían en que dé un buen ejemplo. Ellas desean un pastor, no un actor. Las congregaciones detectan cuando su líder exagera de manera enfermiza, miente continuamente, le gusta presumir, o vive enamorado de su ministerio más que de la presencia de Dios.

G. *La integridad.* El hombre o la mujer de Dios que ha sido llamado al ministerio pastoral debe ser íntegro, no hipócrita. El mundo está lleno de ellos y la iglesia también los tiene; pero donde no se esperaría encontrar hipócritas sería en el ministerio pastoral. Hay que admitir que no es siempre así, pero los pastores no deben nunca ponerse *caretas*. No se puede ser «santo el enmascarado de plata» los domingos, y el martes «Blue Demon» y el jueves «Mil Máscaras».

El robar a la iglesia es un pecado delante de Dios. Un pastor no debe apoderarse de propiedades que pertenezcan a la congregación. Un templo nunca debe aparecer escriturado bajo su nombre. Tampoco los vehículos. Un pastor de Brooklyn, Nueva York, cuando se cansó de pastorear vendió el templo y con él entregó a la congregación. La razón es que, según dicho pastor, el templo le pertenecía y estaba bajo su nombre. La congregación que se sacrificó para comprar y arreglar dicho templo se quedó en el aire.

Cuando termine su tiempo como pastor, renuncie a la congregación con dignidad, no buscando que le paguen por su renuncia o queriendo sacar alguna ventaja financiera de la congregación. Muchos se las quieren pasar de listos, y aunque consiguen lo que quieren, terminan con un ministerio empañado por la ambición y la codicia.

H. *La falta de madurez.* Puede estar en el pastor, en la congregación, o en ambos. Hay pastores bíblicamente analfabetos. No entienden la Biblia, ni la leen; no se han sometido a su estudio sistemático y prolongado y no predican de la Biblia. La abren, la citan, pero su mensaje es de inspiración propia y no basado en la Palabra. Lo que los creyentes vienen a escuchar el domingo son «cuentos de viejas».

La otra cara de la moneda revela a las congregaciones que solo saben venir al templo. Fuera del templo no sienten ninguna responsabilidad. No les gusta visitar los hogares y dar cultos, confraternizar o estudiar la Biblia. Son emocionalitas, solo buscan sentir algo y no pensar algo.

I. *El engaño*. En toda congregación hay creyentes hipócritas que delante del pastor son una cosa y en su ausencia son otra. Todo lo que él hace se lo critican. Desde luego hay pastores que merecen ser censurados por irresponsables y descuidados. Tarde o temprano el pastor descubrirá la verdad sobre el engaño de la congregación. Al sentirse engañado, después que le ha profesado un amor sincero, se desanimará y terminará divorciándose.

J. *La espiritualidad*. El pastor y la congregación espirituales difícilmente se divorcian. Si uno de los dos deja de buscar a Dios como se demanda, el desastre será evidente. Así como hay parejas disparejas, vemos congregaciones que no hacen parejas con sus pastores. Pero la negociación, el acoplamiento y el amor por la obra, podrán ayudar a ambos a ajustarse.

Tanto el pastor como la congregación deben trabajar por lograr una buena compatibilidad, cada uno debe aportar el máximo a su relación y luchar por el perdón mutuo. La tolerancia los ayudará a ambos a aceptar sus defectos, y a reconocer sus propias faltas, contribuyendo de manera individual al éxito de su permanencia.

Capítulo siete

El estado civil de algunas congregaciones

Todas las congregaciones son diferentes. Aun las congregaciones de una misma denominación o concilio se diferencian en su liturgia o su gobierno. La posición dogmática de un pastor difiere de la de otro. Cada pastor influye directamente sobre la congregación a la cual ministra. Desarrollan su propia personalidad congregacional y tienen su propia cultura religiosa.

El estado civil de una congregación tiene que ver con el hecho de no tener pastor, haber tenido más de uno, o que el pastor haya fallecido. Deseo enfocar esta situación de manera alegórica.

La congregación soltera

Por diversas situaciones o circunstancias, justificadas o injustificadas, algunas congregaciones se han quedado sin pastor. Los pastores muchas veces renuncian por incompetencia, inmoralidad, abuso de poder o de los fondos financieros, descontento, presiones, necesidades económicas y demás.

Este tipo de congregaciones la mayoría de las veces se encuentra bajo la dirección de una junta. Una de las ventajas es que no tiene que pagar un salario a un pastor. A los líderes locales se les ofrecen muchas oportunidades de desarrollo.

Desde luego, un comité de púlpito no debe ser permanente. Tan pronto la congregación elige a alguno de los que han sido candidatos al pastorado, el comité de púlpito deja de funcionar. Cuando los dirigentes se empeñan en gobernar la congregación solos, invierten el orden establecido por Dios. Entre las desventajas que tiene una congregación soltera están las siguientes:

A. *Muchas cabezas.* En vez de ser una cabeza la que dirija, son muchas las cabezas que mandan, opinan y ordenan. Esto afecta la jerarquía. Los más activos dominan a los menos activos. Si los oficiales se embriagan de poder pueden llegar a convertirse en el «dragón de siete cabezas». Aun más, desarrollan un resentimiento hacia la dirección pastoral, haciendo todo lo posible para no recibir a nadie como pastor, porque ellos mismos desean pastorearse.

B. *Mucha libertad.* Cada miembro responde al otro y no a un pastor. La ausencia de feligreses a los cultos aumenta al extremo. Muchos creyentes hacen lo que se les antoja. El pueblo reconoce cuando hay ausencia de autoridad espiritual. Se puede tener una posición sin la unción para la misma.

C. *Falta de atención.* La falta de un pastor deja a la congregación sin la debida atención pastoral. Solo el pastor puede ofrecer el cuidado que requiere la iglesia. El trabajo pastoral incluye «apacentar» y «pastorear». En Juan 21:15-16 leemos: «*Cuando hubieron comido, Jesús dijo a Simón Pedro: Simón, hijo de Jonás, ¿me amas más que éstos? Le respondió: Sí, Señor;*

tú sabes que te amo. Él le dijo: Apacienta mis corderos. Volvió a decirle la segunda vez: Simón, hijo de Jonás, ¿me amas? Pedro le respondió: Sí, Señor; tú sabes que te amo. Le dijo: Pastorea mis ovejas».

D. *La costumbre de quedarse soltera.* Hace algún tiempo escuché decir a un dirigente de una congregación que quería la renuncia del pastor: «Lo que hace el pastor, lo podemos hacer los dirigentes. ¿Qué es el pastor? Es un hombre como cualquier otro».

Ese dirigente quería el divorcio entre la congregación y el pastor. El pastor, por ser hombre de Dios y de paz, optó por retirarse y comenzar un nuevo ministerio. Desde luego, los creyentes fieles, que sabían de las injusticias que el dirigente había tramado contra su pastor, se fueron con él. La obra de este pastor ha prosperado. Las luchas continúan todavía en aquella congregación, a la cual le gusta estar soltera.

Hay congregaciones que no duran mucho con un pastor. Jamás encuentran el tipo de pastor que buscan. Son dominantes, exigentes, celosas y muy mandonas o usurpadoras de la autoridad espiritual. Ningún pastor que ha sido verdaderamente llamado por Dios se ha de dejar esclavizar por una junta directiva que le da el pastorado, pero mantiene todo el poder.

Hablaba con un querido amigo pastor, que tuvo una ligera y fugaz caída espiritual, de la cual se ha lamentado mucho. La congregación a la cual tanto había servido fue muy recia con él y con su esposa. Aunque admitió su pecado y se sometió a la disciplina ministerial impuesta por su organización, aquella congregación que tanto se había beneficiado de sus servicios y ministerio no quiso perdonarlo, haciéndole la vida imposible. Hoy día a causa de no ser una congregación perdonadora, la misma está enferma, los pastores que llegan allí duran poco tiempo, los oficiales cual ejército latinoamericano se han tomado la congregación y no la quieren soltar.

Por su parte mi amigo ha prosperado, levantando una nueva congregación con un ministerio que bendice a muchos. Es un excelente predicador y un maestro con el don de la Palabra.

La congregación casada una sola vez

Esta clase de congregación ha tenido un solo pastor, por lo general su propio fundador. Si el pastor ha sido un buen líder, es una congregación saludable. Si no lo ha sido, la iglesia es enfermiza desde su nacimiento.

Estas congregaciones nunca han tenido la experiencia de otro pastor. La manera como reaccionarían a un nuevo liderazgo no se puede generalizar. Todo dependerá de lo aprendido con su pastor anterior y lo que les enseñe su nuevo pastor.

Si el pastor actual va a renunciar o se va a retirar, debe ayudar al nuevo pastor en un período de transición. Con bastante anticipación debe presentarlo a la congregación. También debe darle orientación en cuanto a la forma de gobierno, la administración y el trabajo pastoral. Cuando un pastor renuncia de una congregación o cae en pecado, debe retirarse de la misma y no mantener su membresía en ella, su presencia puede ser un estorbo al nuevo ministerio pastoral.

La congregación que se ha casado varias veces

En muchas congregaciones los pastores no aguantan mucho tiempo. Son cementerios pastorales. El índice de mortalidad pastoral de ellas es elevado. Estas congregaciones se vuelven a casar porque son exigentes, indiferentes, poco cooperadoras, mezquinas en pagar un salario pastoral, sin visión social ni misionera ni evangelística.

Las iglesias que se acostumbran a divorciarse y casarse de nuevo difícilmente se mantienen mucho tiempo con su actual pastor. Tendrán una luna de miel por un tiempo, pero los problemas y la incomprensión aparecerán. Para estas congregaciones pedirle la renuncia al pastor o llamar al ejecutivo de la denominación para que lo cambie es rutinario.

Los ministros jóvenes tienen que cuidarse de este tipo de congregación. Les pueden destruir su ministerio y quitarle la visión pastoral. Aunque en las congregaciones hay peces, también se encuentran cocodrilos, tiburones, ballenas y pulpos. ¿Sabe usted a lo que me refiero?

La congregación viuda

Considero que son aquellas que pierden al pastor por fallecimiento. Son más susceptibles a adaptarse a un nuevo pastor que las congregaciones solteras y vueltas a casar. Algo extraño que he notado es que las congregaciones viudas por lo general prefieren pastores que hayan crecido en la misma iglesia, posiblemente por temor a los cambios drásticos.

El amor que tenían a su antiguo pastor fácilmente lo trasmiten a su nuevo líder. El pastor actual viene a llenar el vacío de su antecesor, pero tiene que ser muy cuidadoso porque siempre se comparará su ministerio con el del pastor fallecido. Tiene que evitar criticar su administración ni hablar mal de él.

Es importante mencionar que durante el nuevo año, bajo la luna de miel, el nuevo pastor deberá ser muy cuidadoso. El cambio de estructuras y los programas presentes le puede acarrear serios problemas. No debe olvidar que la iglesia todavía está de «luto», ya que se encuentra emocionalmente afectada por el fallecimiento de su pastor. El recuerdo de él estará en todas aquellas cosas que la iglesia acostumbraba hacer.

La imagen del pastor fallecido puede hacerle sombra al nuevo ministro. A veces se referirán a su pastor fallecido diciendo: «Nuestro pastor decía que esto se tenía que hacer así y queremos que sea de esa manera». Otras veces le dirán al nuevo pastor: «Es que mi pastor era diferente de usted... visitaba más... tenía más amor... con él la iglesia estaba llena». Esto no debe alarmar al nuevo líder pastoral. Necesita ser un sicólogo espiritual.

Tratar de enterrar la imagen de un pastor fallecido puede costarle el amor y la confianza de la congregación al nuevo pastor. A medida que el amor y la confianza de la congregación aumentan, la imagen del pastor fallecido se va enterrando por sí misma, hasta que solo quedará un recuerdo.

Es cosa común en las congregaciones y ministerios pentecostales que un nuevo líder, cuando emerge, procura con un pequeño grupo de asesores enterrar la imagen del líder anterior, esto demuestra su inseguridad, su celo ministerial y la falta de capacidad en su liderazgo.

Supe de un pastor, un gran hombre de Dios, que pasó a ejercer el pastorado después de la muerte del pastor de la congregación donde era copastor. En el aviso del templo se podía leer el nombre del pastor fallecido muchos meses después de su sepelio. En vez de quitar el nombre de aquel pastor, lo que hizo fue escribir el suyo en la parte de abajo. Si hubiera borrado el nombre del pastor fallecido en aquel momento de dolor, la congregación y la familia hubieran reaccionado.

Existen también las congregaciones de estado civil

mixto. Han tenido un poco de solteras, casadas, varias bodas y otro poco de viudez. Otras son combinaciones de dos clases. Lo que se necesita es tacto y comunicación. El nuevo pastor no debe apresurarse a implementar cambios, todo se hará a su debido tiempo.

Los pastores no podemos ponernos «la armadura de Saúl». Un Pablo no puede ser como un Pedro. Tenemos que ser nosotros. A todos nos gustaría tener copias de nuestro ministerio, pero esto es un absurdo. Dios llama a cada cual para servir en una forma diferente.

Lo que hacía un pastor, quizás yo no lo pueda hacer. Lo que a él le dio el éxito, no necesariamente me lo tiene que dar a mí. Lo que a otro sirvió, quizás a mí no me sirva.

Por otra parte, algunas cosas que otra persona haya implantado pueden ser provechosas a mi vida. Uno siempre aprende de los demás. El «necio» no aprende de nadie. El inteligente aprende de todos y enseña a todos.

Los pastores, al igual que los líderes en general, deben prepararse emocionalmente para cuando les llegue el tiempo de retirarse, de renunciar, o de ser rechazados. La cesación de una posición pastoral o de liderazgo va acompañada por una serie de traumas. Todo líder se sentirá solo cuando ya se encuentra desnudo de la posición que por tanto tiempo había ejercido. Por lo tanto, debe prepararse mental y emocionalmente para ser «raso» y eso conlleva mucho tiempo. En esa transición él o ella necesita comprensión, apoyo emocional, consideraciones personales y sobre todo las oraciones de los demás. Muchos terminan el tiempo de una posición en cuanto a funciones y descripciones corporativas, pero emocionalmente continúan actuando como si poseyeran la misma. La renuncia debe ser total. El nuevo líder no se debe sentir intimidado, y menos emprender una campaña para «borrar» el nombre y la presencia del otro. Mostrar tolerancia y brindar amistad al líder saliente lo pondrá en una posición de respeto y honra, lo cual redundará en su propia cosecha en algún futuro.

Capítulo ocho

Una congregación enferma

Desde los días de la iglesia primitiva han existido congregaciones enfermas como las de Corinto y Galacia. De las siete iglesias de Asia Menor (Apocalipsis 2 y 3), la única que gozaba de buena salud era la de Filadelfia.

Muchos pastores se frustran al no ver crecimiento, progreso y vitalidad en la congregación que les ha tocado dirigir. La razón es que la misma está enferma, aunque quizás no lo demuestre.

Muchas congregaciones tienen un alto índice de mortalidad pastoral. Un pastor no sobrevive como líder más de tres años. Esto se debe precisamente a la mala salud de ellas.

Algunas congregaciones mueren ya ancianas, otras fallecen jóvenes. Están aquellas que desde que nacen ya están enfermas, no fueron curadas y dejaron de existir. Y también están las congregaciones que mueren a manos de sus propios pastores. Prefieren dejarlas destruidas antes que renunciar a las mismas. Las ven disminuyendo su membresía, languideciendo espiritualmente, sufriendo de «ausentitis» y otros males, y no sueltan el control de las mismas.

En este capítulo se pretende hacer un examen médico espiritual de muchas congregaciones enfermas, y una autopsia espiritual a las que han fallecido. Para esto me concentraré en los *síntomas*, las *causas* y la *prevención*.

Los síntomas de una congregación enferma

La palabra «síntoma» se define como: «Fenómeno propio y característico de una enfermedad». En términos figurativos se refiere al indicio de una condición de carácter patológico.

Ninguna persona se enferma sin que antes sienta y revele ciertos síntomas. Basado en esos síntomas, un médico puede hacer un diagnóstico preliminar del paciente. Las congregaciones enfermas revelan síntomas de su condición y padecimientos. Los síntomas son avisos de que algo no está bien en el sistema, en cierta medida pueden ser preventivos de algo peor, siempre y cuando se traten a tiempo.

A. *El síntoma de la apatía.* La «apatía» se define como: «dejadez, indolencia». La congregación apática en su adoración, apática en su compromiso eclesial y apática en su misión de ser «sal» y «luz» del mundo, tiene que tener alguna enfermedad.

B. *El síntoma de la falta de asistencia al templo.* La falta de asistencia a los cultos de adoración y a las actividades de la congregación es algo sintomático. Los creyentes no acuden a las reuniones por la falta de interés personal y espiritual.

Muchos pastores sufren y se ven afectados por la ausencia voluntaria de muchos feligreses. El creyente al que le falta agradecimiento hacia el Señor Jesucristo pierde interés en la participación en la comunidad de la fe.

Otros se ausentan porque le han quitado el tiempo al Señor Jesucristo para dárselo al trabajo, la familia, las diversiones o la pereza. Tienen tiempo para todo, menos para el Señor Jesús y la iglesia.

Tenemos también los que se ausentan en forma de protesta como si estuvieran en huelga. Piensan que al dejar de asistir a los cultos podrán trasmitir un mensaje de descontento e inconformidad con la condición presente de la congregación.

C. *El síntoma del descontento.* Los creyentes disgustados con otros, como un diácono o el pastor, no podrán participar de los cultos. Al templo se asiste para alcanzar paz, consuelo, motivación y gozo.

D. *El síntoma de la enemistad.* Las congregaciones enfermas tienen entre sus creyentes personas enemistadas que no se hablan. Ellas adoran a Dios, oran, visitan, escuchan el sermón y van al altar juntas, pero no están unidas en el Espíritu.

E. *El síntoma del chisme.* Se define el «chisme» como: «Murmuración, noticia o informe con que se mete la cizaña». El chisme destruye caracteres, mancha a la iglesia, afrenta el carácter santo de nuestro Señor Jesucristo y es una daga que Satanás entierra por la espalda a la congregación. Los chismosos son creyentes carnales y espiritualmente anormales, faltos de madurez espiritual y motivados por sus pasiones.

Las causas de la enfermedad de la congregación

Las congregaciones se enferman porque algo o alguien es responsable. Es necesario entonces que busquemos al responsable. ¿Cuándo se enfermó?

¿De qué se enfermó? ¿Qué reacciones se notan en su enfermedad? ¿Cómo se enfermó? ¿Con quién se enfermó? ¿Por qué se enfermó? ¿Dónde se enfermó?

A. Pastores enfermos. Un pastor enfermo en su liderazgo espiritual, que dirige una congregación como una fábrica de obreros, puede contagiarla con su mal y enfermarla.

Los ministros emocionalmente inmaduros no deben pastorear el rebaño del Señor. Su liderazgo será dañino.

Otros pastores, al igual que líderes espirituales, enferman a las congregaciones con la proclamación de un misticismo que pone más énfasis en las señales que en la Biblia, en lo emocional que en la fe. El misticismo es una manera errada de vivir la fe cristiana.

Unos años atrás un líder que me criticaba (es normal que se nos reconozca y que se nos critique, somos figuras públicas y cada cual tiene derecho a su propia opinión), que hablaba a otros mal de mí a mis espaldas, al verse próximo a la muerte me envió la siguiente nota: «Deseo pedirle perdón por no respetar su persona, cuando usted asumió la posición yo seguía mirándolo como nada... e incluso hablé cosas negativas acerca de usted. No estaba de acuerdo con su manera de hablar, enseñar, predicar, administrar... No me caía bien y me mantenía lejos... Su estilo, para mí agresivo y jactancioso (por ejemplo queriendo y permitiendo la adulación de otros y adulando a sus amigos. Su búsqueda de brillar), la falta de honra que permitió... Todas estas cosas no me dejaban apreciar sus logros, el alcance de todas sus posiciones: pastor, líder conciliar, esposo y padre, administrador, escritor, conferencista, presidente de Radio Visión Cristiana, activista, filántropo, amigo de la iglesia y del concilio... Perdóneme por todas estas fallas contra su persona, siempre miré bien a su esposa. Aunque resentía que ella se presentaba siempre al frente, su sonrisa facial e inteligencia me neutralizaban... El Señor ha sanado mi interior y lo puedo ver con balance. Lo bueno, no tan bueno, su estilo es suyo. Quién se lo niega. No quiero seguir enfermo en el alma, en lo espiritual y en lo físico. Yo creo que la razón grande de mi enfermedad viene de esto. Creo que si estoy sano puedo ayudar a sanar a otros».

Este ministro recibió sanidad interior, hoy día es un próspero pastor, tenemos una buena y excelente relación, sobre todo Dios le añadió años de vida. Se sanó porque reconoció su enfermedad. Dondequiera que esté lo bendigo a él, a su esposa, a su familia y a su congregación.

Un ministro en una ocasión le declaro algo con mucho coraje a otro que le había ofendido, luego se arrepintió de sus acciones y le pidió perdón, pero el otro ministro cada vez que le convenía a él, mencionaba la falta de aquel como si hubiera sido una acción reciente. Evidentemente este segundo nunca perdonó, porque el que perdona no continua recordando y repitiendo las ofensas pasadas.

B. *Pastores asalariados.* Todo ministro que ejerce el pastorado, bíblicamente tiene el derecho de recibir un salario (1 Timoteo 5:18). Las congregaciones que no hacen provisión económica para el siervo que las dirige, administra y les sirve, no participan en un pacto financiero con Dios.

En el otro extremo, un pastor sirve a una congregación no porque trabaja por un salario y por los beneficios que se reciben de un trabajo, sino porque ha tenido un llamamiento aprobado al ministerio. Un examen sencillo que se le puede dar a un líder sobre el particular sería: ¿Estaría dispuesto a ejercer este ministerio aunque no se le pudiera remunerar? Si su respuesta es afirmativa, este líder ha sido llamado por Dios y no es asalariado. Si contesta negativamente, no ha sido llamado a este ministerio particular. Lamentablemente, hoy día son muchos los que ministran interesados en el dinero, usan los ministerios para servirse ellos mismos.

Los pastores que sucumben ante la avaricia del dinero jamás podrán ejercer un ministerio sano para una congregación. Tarde o temprano la avaricia será una «llaga» que infectará al «cuerpo» eclesiástico.

C. *Pastores «termostatos»*. Un termostato es un instrumento que regula la temperatura, el termómetro la registra. Muchos pastores son los termostatos de su congregación. Regulan el tiempo que se le debe dar al Señor Jesucristo y el que el Espíritu Santo quiere usar para fluir dentro de la vida de la iglesia.

Hace muchos años fui invitado a predicar por otro pastor, a quien el Espíritu Santo emplea en la interpretación y explicación bíblicas. Esa noche yo sentía que esa congregación tendría la unción sobrenatural del Espíritu Santo. Emocionado, sentía allí el flujo del Espíritu Santo y visualizaba su derramamiento especial sobre esa comunidad de fe.

De repente, me interrumpió el otro pastor en mi meditación con una nota que me pasó, la cual decía: «Kittim: Para comunicarme con claridad, permíteme informarte que el sermón del domingo por la noche debe durar de 10 a 15 minutos. La razón es que hay muchos hermanos que se levantan a las 4:00 a.m. Gracias».

Esa nota interrumpió el programa del Espíritu Santo para esa comunidad espiritual. Debido a que tengo experiencia en predicar de cinco a diez minutos en mi programación radial, esa noche solo prediqué nueve minutos. Cuando terminé le dije al otro pastor: «Si me pides que predique cinco minutos también lo hago».

A pesar de que me dio una buena ofrenda, la cual agradecí, hubiera sido preferible predicar a esa comunidad de redimidos en una dimensión sobrenatural. Al poco tiempo, dicho ministro vino a ocupar el púlpito de nuestra congregación. La nota doblada que le pasé decía: «Fulano, puedes predicar 40, 50 o 60 minutos. Si necesitas tiempo para predicar, bien puedes disponer del que quieras. La congregación está acostumbrada a recibir todo lo que el Espíritu Santo le quiera ofrecer. Gracias».

D. *Los tesoreros*. Muchos tesoreros son de bendición al líder que tienen en la congregación. Otros se inflan con una falsa autoridad que no les corresponde y se comportan como amos y dueños de las finanzas. No tienen visión para entender en qué proyectos espirituales se debe invertir para cumplir con la gran comisión de la evangelización. Muchos proyectos, que realizados hubieran sido de gran bendición a una congregación, se han paralizado por errores del tesorero.

A muchos tesoreros les gusta ocultar la información financiera y, si no es bajo presión, rehúsan presentar los informes de tesorería. Algunos se vuelven látigos de los pastores, fustigándolos y desafiando su autoridad espiritual. Esta clase de tesoreros carnales deben renunciar, o la junta de gobierno o los síndicos debe pedirles la renuncia inmediata. Tesoreros como estos son el eterno dolor de cabeza de los pastores, se vuelven represas de las visiones y calabozos de los sueños pastorales.

Sé de un tesorero que en ausencia de su pastor saboteó su oficina pastoral. Cuando el pastor regresó notó que de su archivo habían desaparecido notas e información confidencial. Posteriormente este mismo tesorero trató de sacar al pastor de su congregación. El resultado fue que el pastor, hombre de Dios, se retiró, y con él se fueron más de dos terceras partes de la congregación.

Otro tesorero se oponía enojado al aumento modesto del salario del pastor. La congregación lo había aprobado, los síndicos estaban de acuerdo, pero el tesorero decía: «Yo no lo apruebo, ni tampoco pagaré ese aumento». Individuos como este enferman a las congregaciones.

E. *Creyentes difamadores*. Recuerdo en mis primeros días de pastorado a una hermana que, según su radar espiritual, pensaba que yo no era la persona que el Señor Jesucristo quería que pastoreara la congregación. Ella se quejaba de que yo era muy joven (aunque hacía unos diez años o más que había sido ordenado al ministerio y pastoreaba). También señalaba mi temperamento sanguíneo y enojadizo cuando se me molestaba. Decía que yo era predicador, no pastor. Todo lo que hacía, decía y decidía, ella lo reprochaba.

Sin darse cuenta, esa hermana comenzó a producir una atmósfera de tensión y contiendas en ese pueblo de Dios. Aun más, les decía a los hermanos que estaba orando a Dios para que él me sacara.

En medio de esas tormentas, aunque la barca pastoral de mi esposa y yo se llenaba de agua y parecía anegarse, nunca se hundió, pudiendo llegar a la costa de la voluntad divina.

Otros creyentes se dedican a hacer daño, poniéndose en contra de la obra del Señor Jesucristo, obstaculizando la visión y la misión de dicha congregación. Se vuelven como Pedro cuando trató de reconvenir al

Señor para que no descendiera a Jerusalén donde sería apresado, muerto y resucitado (Mateo 16:21). Pedro le dijo al Señor: «*Ten compasión de ti, en ninguna manera esto te acontezca*» (Mateo 16:22). A lo que el Señor le respondió: «*Quítate de delante de mí, Satanás*» (Mateo 16:23). En griego dice: *Upage opiso mou satana*: «¡Satanás, ponte detrás de mí!»

Una disección espiritual de los creyentes difamadores revelará celos, envidias, orgullo, presunción, insubordinación, venganza, falta de espiritualidad, competencia, inseguridad y más.

La prevención de la enfermedad de la congregación

La oración siempre ha sido la gran tarea de la Iglesia de nuestro Señor Jesucristo. Esta respira porque ora, camina porque ora, se levanta porque ora, actúa porque ora, triunfa porque ora, gana batallas porque ora, cumple con la gran comisión porque ora, tiene señales porque ora...

A. *La oración.* Esta no puede perder su vigencia dentro de la experiencia del pueblo de Dios. La congregación que ora seguirá avanzando. Con la inoculación de la oración las congregaciones podrán resistir las enfermedades que amenazan con invadirlas.

B. *La unidad.* En Hechos 2:1 leemos: «*Cuando llegó el día de Pentecostés, estaban unánimes juntos*». El avivamiento de Pentecostés fue la respuesta a un despertamiento de oración y unidad que durante diez días los seguidores de Jesús de Nazaret celebraron en el aposento alto (Hechos 1:14).

En el avivamiento de Pentecostés las naciones estaban unidas, mientras que en Babel las naciones estaban desunidas. Las lenguas de Babel eran de separación, las de Pentecostés de comunión. Por decirlo así fue una restauración lingüística (Hechos 2:8-11).

La unidad de la iglesia significa que como Cuerpo, del cual Jesucristo es la Cabeza, no puede ni debe funcionar desmembrada. Da pena admitirlo, pero muchas congregaciones se infligen heridas y producen sus propias amputaciones.

La iglesia ha sido llamada a la unidad, aunque esto no implique uniformidad ni conformidad. El Señor Jesucristo no hace clonaciones. La unidad del cuerpo místico de Cristo en la comunidad de fe tiene sus aplicaciones:

- *La unidad entre el pastor y sus líderes* (junta de ancianos, diáconos, síndicos, líderes departamentales). La unidad es un elemento aglutinante. Esta unidad del pastor y los dirigentes es más que la representación de verse juntos en la misma visión, compromiso y deseo de servir.
- *La unidad del pastor y los creyentes*. Estos deben tener libertad de comunicación con su pastor. El pastor tiene que salir de su oficina pastoral y bajar de su púlpito hasta los bancos donde están los miembros necesitados.
- *La unidad de los líderes y la congregación*. Muchos líderes a causa de su título y posición se sienten por encima del resto de los santos. Han desarrollado muchas obras religiosas y no desean participar de la congregación con el pueblo santificado.

Los líderes deben servir al pueblo y no están únicamente para ser servidos por el pueblo. Hay que usar las cosas y amar a la gente, no usar a la gente y amar las cosas. La posición no hace a un líder, un líder hace la posición. Y el que ha sido llamado a servir, sirve con o sin posición.

Los líderes que solo buscan su bienestar no son

auténticos. Abusan de la confianza del pueblo. Se aprovechan de su posición. En cualquier momento sus torres de Babel se les derrumbarán y sus techos de cristal se les romperán.

C. *El amor*. Así como el amor produce sanidad en las relaciones matrimoniales, familiares y humanas, también sana las heridas que los problemas infligen en las congregaciones.

El amor es algo que se ofrece, se comparte, es una entrega de uno a los demás. El amor es altruista, busca el bien de los demás. El amor supera las diferencias personales entre los creyentes, dando así lugar a la experiencia de la comunión o congregación (gr. *koinonía)*.

D. *La fe*. La fe como elemento de vitalidad congregacional se ha diluido en muchas comunidades cristianas con un misticismo exagerado, con una fe demasiado activa y un emocionalismo carente del poder del Espíritu Santo.

La fe (gr. *pistis)* significa firme persuasión, una convicción que resulta en confianza, confiabilidad, fidelidad y certeza. La fe bíblica tiene como contenido la Palabra revelada por Dios y como objeto a Dios mismo.

Una comunidad que tiene fe refleja la buena salud espiritual en los creyentes, pero la fuente de esa fe debe ser la Biblia. Nada en la experiencia cúltica puede tomar el lugar que corresponde a la Palabra de Dios, ni las revelaciones, ni los sueños y menos las experiencias personales.

E. *El Señor Jesucristo*. El imán de la gracia que mantiene a los creyentes en comunión y unidos es Jesucristo. Cuando miramos su perfección dejamos de ver nuestras imperfecciones. Su salud se convierte en la sanidad de la iglesia.

Para concluir tengo que decir que para cualquier enfermedad congregacional, *Jesucristo tiene la medicina*. Cualquier congregación que desee sinceramente ser sanada, puede serlo, siempre y cuando admita los síntomas de su enfermedad y reconozca que está enferma.

Capítulo nueve

Las congregaciones pequeñas

El tratamiento de este capítulo lo hago basado en mis observaciones dentro de las congregaciones pequeñas. A lo largo de tres décadas como predicador, he tenido la oportunidad de predicar a un número incalculable de congregaciones pequeñas, he recorrido toda Latinoamérica proclamando el poder del evangelio y presentando ante las multitudes y ante pequeñas congregaciones que solo Jesucristo salva y sana.

Es innegable, tanto en lo teológico como en lo social, que las congregaciones pequeñas responden al pastor y al compromiso con las misiones. Por lo tanto, soy crítico y a la vez pido excusas en cuanto a estas congregaciones. Pero públicamente les doy mi máximo respeto.

El crecimiento

¿Por qué existen las congregaciones pequeñas? ¿Qué factores contribuyen a su crecimiento o estancamiento? ¿A qué se debe que cada día vemos congregaciones grandes dividirse, para dar nacimiento a una nueva congregación pequeña? ¿Por qué tantos creyentes quieren ser miembros de congregaciones pequeñas?

A. *El aspecto positivo.* Al examinar las congregaciones pequeñas veremos que responden a un orden natural. Todo lo que tiene vida comienza pequeño hasta alcanzar su tamaño ideal. Las congregaciones pequeñas nacen, crecen y maduran. Su tamaño en sí las invita continuamente al crecimiento. El deseo de alcanzar la *estatura* que Dios espera de ellas las lleva a la práctica de los diferentes ejercicios evangelísticos.

La congregación pequeña no tiene razón de sentirse satisfecha, porque reconoce que necesita crecer. Busca el desarrollo con respecto a la cantidad y la calidad. El crecimiento será vertical en relación con Dios y horizontal en su misión redentora y salvífica.

B. *El aspecto negativo.* Hay congregaciones que nacen, en poco tiempo alcanzan un crecimiento fenomenal, pero luego se estanca su desarrollo. Algunos pastores pudieran preguntarse: ¿Por qué nuestra congregación ha dejado de crecer? Un año crece y al otro baja. ¿Qué estrategias de evangelización están fracasando? ¿Qué *nuevos odres* se necesitan para sustituir los *odres viejos* y desgastados que estamos usando? ¿Cuáles son las enfermedades que están afectando el crecimiento de nuestra congregación? ¿Soy culpable de ese estancamiento congregacional?

Algunas congregaciones simplemente no desean crecer. No hay ningún intento de expansión ni desarrollo. Los miembros se sienten cómodos con el número que los integra. Se conforman con ver las mismas caras. Aun más, tienen temor de los cambios. Las congregaciones que no crecen no son evangelísticas. Nadie se responsabiliza de traer visitas. Los creyentes son miopes en su visión de la proclamación del evangelio.

No entienden lo que significa el discipulado cristiano. Creen en una «gracia barata», según las palabras del teólogo alemán Dietrich Bonhoeffer. No tienen conciencia misionera, son del presente y no futuristas, conformistas y no innovadores, han perdido la pasión de la evangelización.

En estas congregaciones se detecta un alto nivel de individualismo y no de comunidad. Cada cual busca lo suyo. La prioridad no es que la iglesia crezca, sino que cada uno crezca por separado. Por tal razón cualquier invitación al crecimiento se descarta y anula. A esos miembros lo que les importa es la calidad y no la cantidad. Para Cristo ambas cosas son importantes, pues producen un verdadero equilibrio.

El líder tiene que ver mucho con el crecimiento de la congregación. Es como la glándula pituitaria que regula el crecimiento hacia la estatura normal; su funcionamiento anormal provoca el gigantismo o el enanismo. Algunos pastores son eficaces en fundar congregaciones y nutrirlas en los primeros años de su infancia, pero cuando comienzan a dar señales de crecimiento y de necesitar más atención y alimentos, ellos no saben qué hacer.

Una congregación que comienza a crecer exige cambios en las estructuras de gobierno, organización y culto de adoración. No darse cuenta de esto es detener su crecimiento. La organización y lo pastoral tienen que adaptarse en el proceso de crecimiento congregacional.

Los líderes de las congregaciones pequeñas son muchas veces los causantes de su estancamiento. La lucha por el poder dentro de ellas engendra tensión, frustración y esterilidad. Ciertos líderes oprimen a cualquiera que no apruebe su manera de administrar la iglesia.

Hay congregaciones que se acaban temprano por su sistema de legalismo rígido, fanático, farisaico, carente de amor, vacío de gracia, que mira más bien lo superficial que las cosas internas. A los recién llegados se les margina, distancia, separa y considera como una amenaza.

Otras congregaciones no crecen porque no tienen nada nuevo que ofrecer al pueblo. Están en un círculo vicioso de rutinas, leyes humanas, celos y críticas mal fundadas. Más son los chismes que se comentan en la iglesia que los rumores del mundo. Los hermanos siempre están averiguando e indagando la vida y secretos de los demás.

Muchas congregaciones no son conocidas en su comunidad por su trabajo religioso, por la Palabra expuesta desde su púlpito, por su evangelio social que responde a la dimensión horizontal de la iglesia, sino que las conocen por sus actividades de venta.

El crecimiento en las congregaciones se puede determinar por la dimensión física del templo. Un salón pequeño difícilmente invita al crecimiento, aunque no se puede generalizar. Por otra parte, mucho espacio puede promover el estancamiento.

La ubicación geográfica de la congregación puede atraer o repeler. Si el lugar es merodeado por ladrones y adictos a las drogas, pocos feligreses se sentirán a gusto allí. Si el transporte es difícil, no todos los que deseen podrán llegar. Cuando el pastor va a comprar alguna propiedad para transformarla en templo, debe hacer primero un examen de la comunidad, sus necesidades y su gente.

Las congregaciones en zonas urbanas de continuo experimentan la fluctuación de los asistentes. Muchos feligreses se trasladan a otros lugares, quizás en busca de progreso económico, una nueva vida o más seguridad para la familia.

Es importante que los templos se mantengan limpios, con buen olor, con las cosas bien acomodadas. El lugar atractivo invita y atrae las visitas. Las personas quieren estar en un lugar donde se sientan a gusto y donde puedan invitar a sus amistades y familiares. El templo no es nuestra casa, es «casa de oración», como lo dijo nuestro Señor Jesucristo; por tanto, el mismo no debe parecer una casa o tener la apariencia de sala o de comedor, sino de templo de Dios.

Las desventajas

Las congregaciones pequeñas no pueden sostener programas sociales o comunales. El ingreso *per cápita* por concepto de diezmos y ofrendas apenas les permite cubrir los gastos relacionados con el templo. Por tal razón sus pastores ejercen un ministerio de «carpas». Es decir, trabajan secularmente para sostenerse y servir.

No se puede negar que existen congregaciones pequeñas que son excepcionales, donde el compromiso económico de sus miembros es digno de admiración, pero muchos creyentes no aceptan la obligación del diezmo.

A las congregaciones pequeñas en locales comerciales se les hace difícil desarrollar el ministerio que quisieran. Digo difícil, no imposible. Las limitaciones del local las incapacitan.

Muchas congregaciones pequeñas se encuentran con el problema de «la puerta ancha» y «la puerta angosta», según los expertos en el crecimiento de las iglesias. La puerta angosta se refiere a los que entran por la puerta de la iglesia, por invitación de los miembros. Otros vienen por curiosidad. Algunos asisten solo durante una cruzada evangelística y vemos que responden al llamamiento al altar, donde entregan el corazón a Jesucristo, nuestro Rey y Salvador.

O sea, que es difícil traer invitados al templo, mayormente inconversos.

La puerta ancha representa un problema de retención. Entran las almas, son salvadas, pero de la noche a la mañana dejan de asistir. Cuesta trabajo que vengan al templo, pero es muy fácil que se vayan. Encontramos que aunque los esfuerzos evangelísticos se duplican o hasta se multiplican, se carece de un ministerio de retención y de seguimiento.

Las ventajas

Las congregaciones pequeñas son muy inclusivas en su adoración. A todos los feligreses se les ofrecen oportunidades de participación. La congregación grande limitaría la participación tan directa. Aunque hoy día ha ocurrido una revolución en la liturgia y prácticas cúlticas dentro de la iglesia.

En la congregación grande el pastor y sus allegados son los que monopolizan la liturgia. La espontaneidad queda suprimida en el culto y un matiz de profesionalismo se observa en el servicio.

En las congregaciones grandes el reconocimiento de los líderes toma más tiempo que en las pequeñas. El creyente de una congregación pequeña tiene más oportunidad de desarrollar un liderazgo eficaz y en poco tiempo.

La congregación pequeña parece dar más importancia a la participación de los creyentes. A los miembros se les ofrecen las mismas oportunidades y responsabilidades, aunque es claro que no siempre es así. Su contribución física parece de más importancia que la económica, pero las dos cosas necesitan estar en equilibrio.

En muchas congregaciones grandes los miembros se convierten en números que alimentan a las computadoras. El pastor no mantiene una comunicación directa con los miembros debido al tamaño de la congregación, aunque la suple con la ayuda de pastores asociados.

Escuché a un pastor de una de las congregaciones grandes de Latinoamérica que dijo: «En una ocasión una hermana entró a mi oficina pastoral y exclamó: "Hermano, gracias a Dios que por fin lo puedo ver! Estoy atravesando por un problema muy serio en mi vida. Necesito un consejo de inmediato..." Y continuó hablándome de su problema. Cuando terminó le dije: "Hermana, ¿su pastor no ha hecho nada por usted?" A lo que ella repuso: "Pero si usted es mi pastor"». Este pastor no sabía que aquella hermana era de su congregación.

Una congregación pequeña ofrece mucho compañerismo. Los creyentes se convierten en una familia. Cuando uno comete una falta, es el problema de todos. Si alguno muere, es una pérdida para toda la comunidad de fe.

Las congregaciones pequeñas cultivan más la vida espiritual. A medida que las congregaciones crecen, en muchos casos las reuniones semanales van desapareciendo y se celebran reuniones de adoración exclusivamente el día domingo. No se insiste en la asistencia a la Escuela Dominical, y acaban por tenerla solamente para los niños. Para mantener los lazos de confraternidad se desarrollan actividades y programas sociales que van dando a la congregación el aspecto de un club eclesiástico.

La congregación pequeña desarrolla muchos programas de oración, retiros, visitación y campañas evangelísticas. Los misioneros y predicadores que vienen del extranjero muchas veces les hablan a las congregaciones de la obra de Dios en otras tierras; pero llegar al púlpito de una congregación grande es bastante difícil.

La mujer en la congregación pequeña tiene muchas oportunidades de desarrollar su liderazgo. En las congregaciones grandes las que tienen el privilegio de participar en el programa son mayormente de la familia inmediata del pastor o personas clave.

Las congregaciones pequeñas pueden ser las congregaciones grandes del mañana. Cada congregación, por pequeña que sea, tiene la posibilidad de crecer. El crecimiento lo da el Espíritu Santo por medio de los miembros de la iglesia y la guía del pastor.

Las mega iglesias o congregaciones grandes responden hoy día a las necesidades individuales de sus miembros a través de programas de células o grupos de crecimiento, que se reúnen en los hogares y le permiten a los miembros mantener ese contacto cercano y ese calor más familiar.

Los peligros que deben evitarse

Es necesario poner de relieve que las congregaciones pequeñas son una bendición para los miembros y la comunidad donde están situadas, pero existen algunos peligros que se deben evitar.

A. *La nostalgia*. Este término se define como: «Pena de verse ausente; pesar por el bien perdido; añoranza». Una persona nostálgica vive muy apegada al pasado. Siempre está hablando del pasado.

Los creyentes de la mayoría de las congregaciones pequeñas son muy nostálgicos. El pasado les causa nostalgia. Siempre están comparando la iglesia de esta época con la de aquellos días cuando se convirtieron. Para ellos la iglesia de hoy no es tan espiritual como la de antaño. Ese enamoramiento con el pasado les impide reconocer la obra del Espíritu Santo dentro de las congregaciones presentes.

Por maravilloso que haya sido el pasado, ya pasó.

Hay que procurar que el presente sea mejor. Los pastores que dicen que antes todo era mejor no hacen nada por mejorar el presente. Para mí la Iglesia de Jesucristo vive en una de las épocas más gloriosas. Muchos me hacen la misma pregunta: «¿Estamos en avivamiento?» Todo depende de lo que entendamos por avivamiento. Aunque yo sí creo que la Iglesia ha estado experimentando un gran avivamiento en estos años que cerraron el segundo milenio y abrieron el tercer milenio. Las señales no han abandonado a la Iglesia, pero los creyentes están sordos y ciegos a la obra del Espíritu Santo. La Iglesia está en avivamiento, pero muchos creyentes no participan de ese avivamiento. ¿Por qué culpar a la iglesia de nuestras faltas?

B. *La inercia*. Inercia significa: «Falta de energía física o moral». Una cosa inerte no tiene movimiento propio y está inactiva. Ciertas congregaciones con sus pastores tienen inercia espiritual. No progresan. Los años van pasando y todo sigue igual. No hay motivación ni entusiasmo. Los cultos, los programas, las sociedades, las escuelas dominicales... están detenidas en la misma esquina. No existe la esperanza en la congregación. Se han acostumbrado y satisfecho con el presente estado de las cosas.

Hace muchos años, mi esposa Rosa y yo pastoreamos una pequeña congregación que se sentía satisfecha como estaba. La única persona que me daba entusiasmo era mi esposa. Pronto nos dimos cuenta de que si nos quedábamos allí terminaríamos inertes. Su enfermedad era contagiosa, y no queríamos enfermarnos tan jóvenes en el ministerio.

C. *Los odres viejos*. Jesús dijo: «*Y nadie echa vino nuevo en odres viejos; de otra manera, el vino nuevo rompe los odres, y el vino se derrama, y los odres se pierden; pero el vino nuevo en odres nuevos se ha de echar» (Marcos 2:22).*

Los odres en la época de Cristo se hacían de cuero. Cuando el odre estaba viejo y se le echaba vino que todavía no estaba completamente fermentado, al fermentarse expandía el cuero y lo rompía. El vino sin fermentar necesita odres nuevos.

Las congregaciones están todavía trabajando con muchos odres viejos. No quieren adaptar su metodología a la época en la cual les ha tocado servir. El vino nuevo que Dios les quiere dar, sean ideas, programas o nuevos métodos de evangelización no puede conservarse en los odres viejos de la tradición y la cultura. Quizás en otra época fueran útiles, pero ahora echan a perder el vino nuevo del Espíritu Santo. Hay que probar cosas nuevas. El miedo a experimentar con lo nuevo hace que las congregaciones pierdan las bendiciones divinas.

CAPÍTULO DIEZ

La «glándula pituitaria»: Clave del crecimiento de la congregación

En el presente capítulo trataré de enfocar el tema del crecimiento de la iglesia teniendo en cuenta la realidad de las congregaciones latinoamericanas. En los últimos años la literatura y las conferencias respecto al crecimiento de las iglesias ha sido prolífica. Para algunos pastores el crecimiento de su congregación se ha constituido en una obsesión religiosa. Para otros es un «síndrome». Otros han visto en su congregación un crecimiento natural y espontáneo. Algunos han probado métodos de crecimiento y, al ver que son infructuosos, se consideran derrotados.

Al realizar varios diagnósticos mediante conversaciones con compañeros en el ministerio y visitas a congregaciones crecidas en los Estados Unidos, Puerto Rico, Guatemala, El Salvador, Honduras, Colombia, Chile, Argentina, Corea, México, Bolivia, Perú y otros países, he descubierto que su crecimiento se debe a lo que se podría llamar «la glándula pituitaria congregacional». Cada congregación y pastor debe descubrir su «glándula pituitaria», y entonces con las debidas medidas y cuidado verá su crecimiento.

La definición de la glándula pituitaria y su función

Si nosotros pudiéramos dibujar una línea que atravesara la cabeza de oído a oído, y otra línea que penetrara entre los ojos, el lugar donde se interceptaran ambas líneas en la base del cerebro sería en el que se encuentra la glándula pituitaria, tan pequeña como un guisante. Esa glándula estimula, regula y coordina las funciones de otras glándulas endocrinas. Algunos la han llamado la «glándula maestra». La pituitaria, por medio de algunas hormonas, afecta el crecimiento, controla la tiroides y estimula el desarrollo de los testículos y ovarios, contribuyendo así al sistema reproductor. Además, estimula la producción de leche en las glándulas mamarias. Las glándulas que producen la adrenalina están reguladas por la pituitaria. Es una glándula pequeña, pero muy importante en el cuerpo humano.

Aplicaciones prácticas y comparación del crecimiento de la iglesia como la «glándula pituitaria congregacional»

En lo negativo, vimos que la glándula pituitaria en el organismo humano puede ser causa de estancamiento (enanismo) o superdesarrollo (gigantismo). El desarrollo enorme de una congregación, como el de la Iglesia Central del Evangelio Completo de Seúl, Corea, que pastorea el doctor Paul Yonggi Cho, la cual al momento presente ha alcanzado más de setecientos mil miembros, es el modelo hipotético para los pastores.

Por ahora, veamos que la falta de secreción de la glándula pituitaria produce el enanismo. Una congregación cuya «glándula pituitaria congregacional» no produce según la capacidad normal, tendrá un desarrollo estancado y le faltará crecimiento. Una vez que el pastor, los dirigentes y los miembros descubren cuál es la «glándula pituitaria congregacional», deben ponerle atención para estimular su secreción.

Muchos pastores descuidan la «glándula pituitaria congregacional» y en vez de fomentar su secreción, ponen énfasis en el desarrollo de otros departamentos o ministerios que, aunque no se deben descuidar ni relegar, tampoco se deben promover a expensas de lo que le daría el crecimiento normal a la congregación.

La «glándula pituitaria congregacional» es la clave para que una iglesia logre una estatura normal o colosal. Todo pastor debe orar a Dios para que le muestre cual es la «glándula pituitaria congregacional» o su localización dentro del organismo de la iglesia que pastorea. Creo que el doctor Cho descubrió dónde estaba la «glándula pituitaria congregacional» de la gigantesca iglesia que dirige. La «glándula pituitaria» de la Iglesia Central del Evangelio Completo de Seúl es su programa de «células de grupos». Es innegable que hay muchos otros factores como la cultura coreana, el ser parte de algo grande que tanto caracteriza a los coreanos, todos los que se suman a este programa; pero es en las «células de grupos» que la iglesia de Corea ha tenido tanta secreción que la ha llevado a alcanzar el medio millón en su registro de miembros.

Al momento de escribir esto, ya he descubierto cuál es y dónde está localizada la «glándula pituitaria» de la *Iglesia Pentecostal de Jesucristo de Queens,* Nueva York. La misma está en el ministerio compartido que mi esposa y yo desempeñamos como predicadores y maestros de la Palabra.

La «glándula pituitaria congregacional» revela el programa, el ministerio o el aspecto donde se estimula a la congregación al crecimiento. A continuación deseo exponer algunas de las «glándulas pituitarias congregacionales», conforme he interpretado y concluido que el Espíritu Santo las ha usado para que muchas congregaciones hayan alcanzado una asistencia numerosa.

A. *La «glándula pituitaria» de la Escuela Dominical.* Muchos pastores que conozco me han confesado que el secreto del crecimiento de la congregación que pastorean se debe al énfasis en la Escuela Dominical. Si un pastor descubre que en la Escuela Dominical hay secreción para crecimiento, debe invertir tiempo, personal y recursos económicos para encauzarla.

B. *La «glándula pituitaria» de un buen programa musical.* Muchos son atraídos a las congregaciones por el ministerio musical. No me refiero a que haya música, sino a que haya «buena música». En la adoración y la alabanza, la música bien interpretada ha sido el medio de secreción para que muchas congregaciones hoy día gocen de un crecimiento normal.

Si un pastor descubre que en la música está la «glándula pituitaria» que contribuye al crecimiento congregacional, debe procurar que este ministerio sea respaldado, cuidado y apoyado, haciendo inversiones espirituales y económicas para fortalecerlo. Es decir, debe preparar el santuario adecuadamente para el servicio de los músicos; tener buena acústica y equipos de sonido.

C. *La «glándula pituitaria» de la alabanza y la adoración.* Aunque estos elementos se integran a la música, en muchas congregaciones manifiestan su propia independencia. Es decir, hay iglesias que no tienen un buen programa de música, pero se distinguen por su mística de adoración y alabanza.

El pastor Salvador Sabino, amigo y colega, pastorea una congregación que ha crecido en pocos años más que otras de su zona que llevan más años establecidas. Si uno la visita en uno de sus cultos de adoración regulares, observará la coordinación y la excelencia de la adoración y la alabanza. Aquí se descubre la «glándula pituitaria» de aquella congregación, sumada a la personalidad del pastor Salvador Sabino y su esposa, además de un programa continuo de grupos familiares.

D. *La «glándula pituitaria» del ministerio evangelístico.* El pastor Dr. Ángel Luis Román del templo Asamblea Cristiana Pentecostal, de Brooklyn, Nueva York, descubrió que en el ministerio evangelístico está la «glándula pituitaria» de la congregación que pastorea.

Esta congregación tiene campañas de avivamiento con mucha regularidad. El propio pastor Román combina lo pastoral con lo evangelístico en su ministerio. Los domingos se congregan allí muchas personas. Su visión por las naciones es digna de ser admirada.

Desde luego, nuestro compañero Román invita a evangelistas de gran calidad espiritual. Traer esta clase de predicadores conlleva inversiones económicas, pero al final de cuentas produce frutos, bendiciones y remuneración. Además, utiliza todos los medios de comunicación posibles para predicar el evangelio de nuestro Señor Jesucristo.

E. *La «glándula pituitaria» de las células de grupos.* El pastor y amigo Rvdo. René Peñalba ha aplicado con su organización el principio de las «células de grupos» y así ha descubierto la «glándula pituitaria» de su congregación. La figura carismática del Dr. Peñalba y un buen equipo pastoral han estimulado esa «glándula pituitaria» para que tenga más secreción.

F. *La «glándula pituitaria» del ministerio pedagógico.* Muchos pastores han descubierto que desde que reestructuraron su programa de cultos y comenzaron a destacar la enseñanza bíblica, se produjo un fervor mayor en la asistencia. Para ellos, el ministerio pedagógico de la Palabra ha sido la «glándula pituitaria congregacional».

G. La «glándula pituitaria» de la predicación de fe. Mi amigo el Dr. Fermín García, de Tijuana, México, pastorea al momento presente una congregación muy grande. Para él, la «glándula pituitaria congregacional» está en la predicación de fe. Por eso predica y enseña sobre la fe, habla de ella y la estimula, presenta testimonios de fe y esta es su tema principal. Y sobre todo es un hombre de mucha autoridad espiritual, que junto a su querida esposa forman un excelente equipo de ministración. Sus líderes ministran en parejas y reconocen y respetan la autoridad de sus pastores.

H. *La «glándula pituitaria» de un predicador avivado.* El pastor Satirio Do Santos, de Cúcuta, Colombia, pastorea una congregación de unos varios miles de miembros. Es un predicador homilético, carismático y visionario, esforzado y con un mensaje motivador y ungido por el Espíritu, cuya voz ha llegado a muchos de los rincones de Latinoamérica. La «glándula pituitaria» de esta congregación es el ministerio pastoral y evangelístico del Pastor Satirio Do Santos. Desde luego, hay muchos otros elementos que se suman a ese gran crecimiento congregacional, como la buena administración y los medios de comunicación de la radio y la televisión.

I. *La «glándula pituitaria» de la visitación a los hogares.* Muchos pastores concentran sus energías en la visitación a los hogares. Para ellos esto ha sido la «glándula pituitaria congregacional». Sus congregaciones que antes eran «enanas» han llegado a una estatura «normal». Una congregación promedio puede ser de 75 a 150 miembros adultos.

J. *La «glándula pituitaria» de la oración congregacional.* En el condado de Brooklyn, Nueva York, tenemos al Rvdo. James Cymbala, del *Brooklyn Tabernacle* (el cual ofició en mi ceremonia de ordenación el día 14 de junio de 1974) con una congregación integrada por creyentes de diferentes orígenes étnicos. Ellos los martes por la noche tienen el culto de oración con la mayor concurrencia del área metropolitana. Allí se congregan miles de personas a orar, llorar, rogar, interceder y clamar a Dios. Además habría que sumar a esto el ministerio del coro bien organizado dirigido por su carismática esposa y la personalidad amistosa y servicial de su pastor, el hermano Cymbala, que han contribuido mucho al desarrollo que su iglesia ha experimentado.

K. *La glándula pituitaria de los grupos de doce.* Este modelo de grupos de crecimiento de doce personas o discípulos ha logrado darle mucho éxito al Pastor César Castellanos y a su distinguida esposa. Hoy día este pastor dirige una de las mega iglesias de Bogotá, Colombia, con una membresía sobre los sesenta mil. Mantiene programas muy variados que apelan mucho a la juventud y ha impulsado programas de desarrollo humano para sus miembros. En una visita que hice a su templo se me dirigió por toda la localidad y se me explicaron los programas de la misma.

La «glándula pituitaria» puede estar localizada en el pastor o en la congregación

Sé de iglesias donde el pastor es un líder autoritario, totalitario y desorganizado, que no delega su autoridad y controla todos los departamentos de servicio de la iglesia, y no obstante su congregación ha alcanzado un crecimiento por encima de lo normal. En el otro extremo, también conozco pastores competentes en la predicación y la administración eclesial, llenos de visión y buenos móviles, cuya congregación no experimenta ningún crecimiento notable. Esto me hace concluir que la «glándula pituitaria» puede estar unas veces en la congregación y otras en el pastor.

En Lima, Perú, tenemos la congregación del Movimiento Misionero Mundial, que pastorea el cubano Rodolfo González, una comunidad eclesial muy conservadora, estricta, con un fuerte énfasis en el mensaje de la santidad, pero con un crecimiento descomunal. Esta congregación dirige unas trescientas congregaciones más en todo Perú y su ministerio televisivo es nacional, contando además con radio-internet y tele-internet con alcances internacionales. He predicado en dicha congregación y el calor y afecto que uno experimenta allí es algo especial.

Seminarios de crecimiento

Muchos pastores asisten a seminarios de crecimiento de la iglesia, organizados por iglesias de otro trasfondo étnico, para aprender sus métodos y aplicarlos a sus respectivas congregaciones. Pienso que no se debe tratar de copiar lo que hacen otros, sino estudiar y analizar los modelos de nuestro propio liderazgo hispano. Creo que las obras de los pastores cuyas congregaciones han logrado activar la «glándula pituitaria», y que son de nuestra realidad social, cultural y ambiental, son los modelos que pueden reflejar metas alcanzables.

Sin duda, la congregación de Seúl, Corea, la cual he visitado, celebra más de siete reuniones los días domingos, y antes de terminar una reunión ya la gente está haciendo largas filas para poder asistir a la próxima. Esta congregación ha tenido un crecimiento fenomenal, extraordinario y descomunal, pero eso no quiere decir que un fenómeno igual se pueda repetir en Latinoamérica, donde una congregación llegue a tener más de medio millón de miembros. La situación geográfica e histórica donde ministra el doctor Cho, la realidad cultural y la incertidumbre nacional (Corea fue dominada muchos años por Japón y vigila a Corea del Norte que está dominada por una política comunista, con el deseo de poder reunificar ambas Coreas bajo su bandera) hacen que la congregación de Seúl sea única en ese fenómeno de crecimiento de la iglesia. Allí existen también congregaciones con varios millares de miembros, pero que no son competencia para la congregación pastoreada por el Dr. Cho.

El pastor y educador Moisés Otoniel Ramírez Choto, editor de la revista evangélica *Luz y Vida*, de las Asambleas de Dios en El Salvador, mi colega y amigo, respondió con las siguientes palabras cuando se le preguntó por qué a algunos pastores los programas de iglesicrecimiento no les funcionan y las congregaciones de otros sin buen testimonio en la comunidad cristiana crecen descomunalmente: «En cuanto a iglesicrecimiento, he llegado a la comprensión que el crecimiento de la iglesia, en cuanto a cantidad, no depende de métodos o técnicas humanas que se puedan implementar, ni depende de la vida que lleve el ministro que la dirige, sea este de buen testimonio cristiano o carezca del mismo; en la observación he visto que es Dios quien da el crecimiento, en el tiempo que él lo desea, en el lugar en que él lo dispone y con el recurso humano que así bien le parece. Todo depende de estar en el tiempo de Dios y aprovechar las oportunidades de la cosecha que es voluntad soberana de Dios».

Y termina así de contestar el amigo Moisés Ramírez: «En mi caminar ministerial he visto pastores de buen testimonio y excelentes en su trato humano con los demás, pero que no han podido lograr un crecimiento en sus congregaciones locales. Sin embargo, he conocido y sé de ministros que han pasado por severas crisis ministeriales, e incluso se consideran descalificados por las reconocidas denominaciones evangélicas para su trabajo pastoral, que han logrado desarrollar congregaciones florecientes, con programas dinámicos, que han crecido tanto, que me hace pensar que el crecimiento lo da Dios. Por eso debemos orar al Señor Jesucristo, el Mayordomo de la mies, que nos enseñe a hacer su voluntad, a desarrollar su programa y a cumplir con su plan para nuestra vida».

En conclusión, el descubrimiento de la «glándula pituitaria congregacional» es algo que puede tomar años de investigación y evaluación, y todos los pastores debemos orar al Señor Jesucristo, la Cabeza de la Iglesia, para que nos muestre cuál es la «glándula pituitaria» y dónde está localizada. Una vez descubierta, hay que activarla para que tenga la secreción más eficaz posible. Todos tenemos derecho a crecer, pero no todos creceremos del mismo tamaño. Altos, medianos o bajos, debemos aceptar la voluntad de Dios para nosotros, pero haremos todo lo posible para crecer congregacionalmente.

Nos agradaría recibir noticias suyas.
Por favor, envíe sus comentarios sobre este libro
a la dirección que aparece a continuación.
Muchas gracias.

Editorial Vida
7500 NW 25 Street, Suite 239
Miami, Florida 33122

Vidapub.sales@zondervan.com
http://www.editorialvida.com